Uber Anmuth und Würde

Friedrich Schiller

Impressum

Autor: Friedrich Schiller
Umschlagkonzept: Buchgut, Berlin

Verlag: tredition GmbH, Mittelweg 177, 20148 Hamburg
ISBN: 978-3-8424-1240-8
Printed in Germany

http://www.tredition.de/projekt-gutenberg
http://projekt.gutenberg.de

Tucholsky Wagner Zola Scott Sydow Freud Schlegel

Turgenev Wallace Fonatne

Twain Walther von der Vogelweide Fouqué Friedrich II. von Preußen

Weber Freiligrath Frey

Fechner Kant Ernst

Fichte Weiße Rose von Fallersleben Richthofen Frommel

Hölderlin

Engels Fielding Eichendorff Tacitus Dumas

Fehrs Faber Flaubert

Eliasberg Ebner Eschenbach

Feuerbach Maximilian I. von Habsburg Fock Eliot Zweig

Ewald Vergil

Goethe Elisabeth von Österreich London

Mendelssohn Balzac Shakespeare

Lichtenberg Rathenau Dostojewski Ganghofer

Trackl Stevenson Doyle Gjellerup

Tolstoi Hambruch

Mommsen Lenz Droste-Hülshoff

Thoma Hanrieder

von Arnim

Dach Verne Hägele Hauff Humboldt

Reuter

Karrillon Rousseau Hagen Hauptmann Gautier

Garschin

Defoe Baudelaire

Damaschke Descartes Hebbel

Hegel Kussmaul Herder

Wolfram von Eschenbach Dickens Schopenhauer

Bronner Darwin Melville Grimm Jerome Rilke George

Bebel

Campe Horváth Aristoteles Proust

Bismarck Vigny Barlach Voltaire Federer Herodot

Gengenbach Heine

Storm Casanova Tersteegen Gilm Grillparzer Georgy

Chamberlain Lessing Langbein Gryphius

Brentano Lafontaine

Strachwitz Claudius Schiller Kralik Iffland Sokrates

Katharina II. von Rußland Bellamy Schilling

Gerstäcker Raabe Gibbon Tschechow

Löns Hesse Hoffmann Gogol Wilde Gleim Vulpius

Luther Heym Hofmannsthal Morgenstern

Roth Klee Hölty Goedicke

Heyse Klopstock Kleist

Luxemburg Puschkin Homer

La Roche Horaz Mörike Musil

Machiavelli

Navarra Aurel Musset Kierkegaard Kraft Kraus

Lamprecht Kind Kirchhoff Hugo Moltke

Nestroy Marie de France

Laotse Ipsen Liebknecht

Nietzsche Nansen

Marx Lassalle Gorki Klett Ringelnatz

von Ossietzky Leibniz

May vom Stein Lawrence Irving

Petalozzi

Platon Knigge

Pückler Michelangelo Kock Kafka

Sachs Poe Liebermann Korolenko

de Sade Praetorius Mistral Zetkin

 **tredition®**  PROJEKT GUTENBERG-DE

tredition und das Projekt Gutenberg-DE

Mehr als 5.500 Romane, Erzählungen, Novellen, Dramen, Gedichte und Sachbücher in deutscher Sprache von über 1.200 Autoren – das Projekt Gutenberg-DE ermöglicht den Zugang zu klassischer Literatur aus zweieinhalb Jahrtausenden in digitaler Form. Der Großteil der Titel ist seit Jahren vergriffen und nicht mehr im Buchhandel oder Antiquariaten erhältlich.

tredition hat sich die Aufgabe gestellt, die Buchtitel des Projekt Gutenberg-DE wieder als gedruckte Bücher zu günstigen Ladenpreisen zu verlegen. Mehr als 2.000 Titel sind bereits wieder erschienen und überall im Buchhandel erhältlich. Die Stärke von tredition nutzen auch viele Autoren, die selbständig ein Buch veröffentlichen möchten. Mehr dazu unter **www.tredition.de**.

Eine Übersicht aller verfügbaren Titel senden wir gern auf Anfrage zu (www.tredition.de/kontakt) oder stöbern Sie online unter **http://www.tredition.de/projekt-gutenberg.**

Friedrich Schiller

Ueber Anmuth und Würde.[1]

Die griechische Fabel legt der Göttin der Schönheit einen Gürtel bei, der die Kraft besitzt, Dem, der ihn trägt, *Anmuth* zu verleihen und Liebe zu erwerben. Eben diese Gottheit wird von den Huldgöttinnen oder den *Grazien* begleitet.

Die Griechen *unterschieden* also die Anmuth und die Grazien noch von der Schönheit, da sie solche durch Attribute ausdrückten, die von der Schönheitsgöttin zu trennen waren. Alle Anmuth ist schön, denn der Gürtel des Liebreizes ist ein *Eigenthum* der Göttin von Cnidus; aber nicht alles Schöne ist Anmuth, denn auch ohne diesen Gürtel bleibt Venus, was sie ist.

Nach eben dieser Allegorie ist es die Schönheitsgöttin allein, die den Gürtel des Reizes trägt und verleiht. *Juno*, die herrliche Königin des Himmels, muß jenen Gürtel erst von der Venus *entlehnen*, wenn sie den Jupiter auf dem Ida bezaubern will. Hoheit also, selbst wenn ein gewisser Grad von Schönheit sie schmückt (den man der Gattin Jupiters keineswegs abspricht), ist ohne Anmuth nicht sicher, zu gefallen; denn nicht von ihren eigenen Reizen, sondern von dem Gürtel der Venus erwartet die hohe Götterkönigin den Sieg über Jupiters Herz.

Die Schönheitsgöttin kann aber doch ihren Gürtel entäußern und seine Kraft auf das Minderschöne *übertragen*. Anmuth ist also kein *ausschließendes* Prärogativ des Schönen, sondern kann auch, obgleich immer nur aus der Hand des Schönen, auf das Minderschöne, ja selbst auf das Nichtschöne übergehen.

---

[1] [Diese Schrift erschien zuerst in der neuen Thalia im zweiten Stück des Jahrgangs 1793.]

Die nämlichen Griechen empfahlen Demjenigen, dem bei allen übrigen Geistesvorzügen die Anmuth, das Gefällige fehlte, den Grazien zu opfern. Diese Göttinnen wurden also von ihnen zwar als Begleiterinnen des schönen Geschlechts vorgestellt, aber doch als solche, die auch dem Mann gewogen werden können und die ihm, wenn er gefallen will, unentbehrlich sind.

Was ist aber nun die Anmuth, wenn sie sich mit dem Schönen zwar am liebsten, aber doch nicht ausschließend verbindet? wenn sie zwar von dem Schönen herstammt, aber die Wirkungen desselben auch an dem Nichtschönen offenbart? wenn die Schönheit zwar *ohne sie* bestehen, aber *durch sie* allein Neigung einflößen kann?

Das zarte Gefühl der Griechen unterschied frühe schon, was die Vernunft noch nicht zu *verdeutlichen* fähig war, und nach einem Ausdruck strebend, erborgte es von der Einbildungskraft Bilder, da ihm der Verstand noch keine Begriffe darbieten konnte. Jener Mythus ist daher der Achtung des Philosophen werth, der sich ohnehin damit begnügen muß, zu den Anschauungen, in welchen der reine Natursinn seine Entdeckungen niederlegt, die Begriffe aufzusuchen, oder mit andern Worten, die Bilderschrift der Empfindungen zu erklären.

Entkleidet man die Vorstellung der Griechen von ihrer allegorischen Hülle, so scheint sie keinen andern als folgenden Sinn einschließen.

Anmuth ist eine *bewegliche* Schönheit; eine Schönheit nämlich, die an ihrem Subjekte zufällig entstehen und eben so aufhören kann. Dadurch unterscheidet sie sich von der *fixen* Schönheit, die mit dem Subjekte selbst nothwendig gegeben ist. Ihren Gürtel kann Venus abnehmen und der Juno augenblicklich überlassen; ihre Schönheit würde sie nur mit ihrer Person weggeben können. Ohne ihren Gürtel ist sie nicht mehr die reizende Venus, ohne Schönheit ist sie nicht Venus mehr.

Dieser Gürtel, als das Symbol der beweglichen Schönheit, hat aber das ganz Besondere, daß er der Person, die damit geschmückt wird, die objektive Eigenschaft der Anmuth verleiht; und unterscheidet sich dadurch von jedem andern Schmuck, der nicht die Person selbst, sondern bloß den Eindruck derselben, subjektiv, in der Vorstellung eines Andern, verändert. Es ist der ausdrückliche

Sinn des griechischen Mythus, daß sich die Anmuth in eine Eigenschaft der Person verwandle, und daß die Trägerin des Gürtels wirklich liebenswürdig *sei*, nicht bloß so *scheine*.

Ein Gürtel, der nicht mehr ist als ein zufälliger äußerlicher Schmuck, scheint allerdings kein ganz passendes Bild zu sein, die *persönliche* Eigenschaft der Anmuth zu bezeichnen; aber eine persönliche Eigenschaft, die zugleich als zertrennbar von dem Subjekte gedacht wird, konnte nicht wohl anders, als durch eine zufällige Zierde versinnlicht werden, die sich unbeschadet der Person von ihr trennen läßt.

Der Gürtel des Reizes wirkt also nicht *natürlich*, weil er in diesem Fall an der Person selbst nichts verändern könnte, sondern er wirkt *magisch*, das ist, seine Kraft wird über alle Naturbedingungen erweitert. Durch diese Auskunft (die freilich nicht mehr ist als ein Behelf) sollte der Widerspruch gehoben werden, in den das Darstellungsvermögen sich jederzeit unvermeidlich verwickelt, wenn es für das, was außerhalb der Natur im Reiche der Freiheit liegt, in der Natur einen Ausdruck sucht.

Wenn nun der Gürtel des Reizes eine objektive Eigenschaft aufdrückt, die sich von ihrem Subjekte absondern läßt, ohne deßwegen etwas an der Natur desselben zu verändern, so kann er nichts anders als Schönheit der Bewegung bezeichnen; denn Bewegung ist die einzige Veränderung, die mit einem Gegenstand vorgehen kann, ohne seine Identität aufzuheben.

Schönheit der Bewegung ist ein Begriff, der beiden Forderungen Genüge leistet, die in dem angeführten Mythus enthalten sind. Sie ist *erstlich* objektiv und kommt dem Gegenstande selbst zu, nicht bloß der Art, wie wir ihn aufnehmen. Sie ist *zweitens* etwas Zufälliges an demselben, und der Gegenstand bleibt übrig, auch wenn wir diese Eigenschaft von ihm wegdenken.

Der Gürtel des Reizes verliert auch bei dem Minderschönen und selbst bei dem Nichtschönen seine magische Kraft nicht; das heißt, auch das Minderschöne, auch das Nichtschöne kann sich *schön bewegen*.

Die Anmuth, sagt der Mythus, ist etwas *Zufälliges* an ihrem Subjekt; daher können nur zufällige Bewegungen diese Eigenschaft haben. An einem Ideal der Schönheit *müssen* alle *nothwendigen* Bewegungen schön sein, weil sie, als nothwendig, zu seiner Natur gehören; die Schönheit *dieser* Bewegungen ist also schon mit dem Begriff der Venus *gegeben*; die Schönheit der zufälligen ist hingegen eine *Erweiterung* dieses Begriffs. Es gibt eine Anmuth der Stimme, aber keine Anmuth des Athemholens.

Ist aber jede Schönheit der zufälligen Bewegungen Anmuth?

Daß der griechische Mythus Anmuth und Grazie nur auf die Menschheit einschränke, wird kaum einer Erinnerung bedürfen; er geht sogar noch weiter und schließt selbst die Schönheit der Gestalt in die Grenzen der Menschengattung ein, unter welcher der Grieche bekanntlich auch seine Götter begreift. Ist aber die Anmuth nur ein Vorrecht der Menschenbildung, so kann keine derjenigen Bewegungen darauf Anspruch machen, die der Mensch auch mit dem, was bloß Natur ist, gemein hat. Könnten also die Locken an einem schönen Haupte sich mit Anmuth bewegen, so wäre kein Grund mehr vorhanden, warum nicht auch die Aeste eines Baumes, die Wellen eines Stroms, die Saaten eines Kornfelds, die Gliedmaßen der Thiere sich mit Anmuth bewegen sollten. Aber die Göttin von Cnidus repräsentiert nur die menschliche Gattung, und da, wo der Mensch weiter nichts als ein Naturding und Sinnenwesen ist, da hört sie auf, für ihn Bedeutung zu haben.

Willkürlichen Bewegungen allein kann also Anmuth zukommen, aber auch unter diesen nur denjenigen, die ein Ausdruck *moralischer* Empfindungen sind. Bewegungen, welche keine andere Quelle als die Sinnlichkeit haben, gehören bei aller Willkürlichkeit doch nur der Natur an, die für sich allein sich nie bis zur Anmuth erhebt. Könnte sich die Begierde mit Anmuth, der Instinkt mit Grazie äußern, so würden Anmuth und Grazie nicht mehr fähig und würdig sein, der Menschheit zu einem Ausdruck zu dienen.

Und doch ist es die *Menschheit* allein, in die der Grieche alle Schönheit und Vollkommenheit einschließt. Nie darf sich ihm die Sinnlichkeit ohne Seele zeigen, und seinem *humanen* Gefühl ist es gleich unmöglich, die rohe Thierheit und die Intelligenz zu *vereinzeln*. Wie er jeder Idee sogleich einen Leib anbildet und auch das Geistigste zu verkörpern strebt, so fordert er von jeder Handlung des Instinkts an dem Menschen zugleich einen Ausdruck seiner sittlichen Bestimmung. Dem Griechen ist die Natur nie *bloß* Natur: darum darf er auch nicht erröthen, sie zu ehren; ihm ist die Vernunft niemals *bloß* Vernunft: darum darf er auch nicht zittern, unter ihren Maßstab zu treten. Natur und Sittlichkeit, Materie und Geist, Erde und Himmel fließen wunderbar schön in seinen Dichtungen zusammen. Er führte die Freiheit, die nur im Olympus zu Hause ist, auch in die Geschäfte der Sinnlichkeit ein, und dafür wird man es ihm hingehen lassen, daß er die Sinnlichkeit in den Olympus versetzte.

Dieser zärtliche Sinn der Griechen nun, der das Materielle immer nur unter der Begleitung des Geistigen duldet, weiß von keiner willkürlichen Bewegung am Menschen, die nur der Sinnlichkeit allein angehörte, ohne zugleich ein Ausdruck des moralisch empfindenden Geistes zu sein. Daher ist ihm auch die Anmuth nichts anders, als ein solcher schöner Ausdruck der Seele in den willkürlichen Bewegungen. Wo also Anmuth stattfindet, da ist die Seele das bewegende Princip, und in *ihr* ist der Grund von der Schönheit der Bewegung enthalten. Und so löst sich denn jene mythische Vorstellung in folgenden Gedanken auf:»Anmuth ist eine Schönheit, die nicht von der Natur gegeben, sondern von dem Subjekte selbst hervorgebracht wird.«

Ich habe mich bis jetzt darauf eingeschränkt, den Begriff der Anmuth aus der griechischen Fabel zu entwickeln und, wie ich hoffe, ohne ihr Gewalt anzuthun. Jetzt sei mir erlaubt, zu versuchen, was sich auf dem Weg der philosophischen Untersuchung darüber ausmachen läßt, und ob es auch hier, wie in so viel andern Fällen, wahr ist, daß sich die philosophierende Vernunft weniger Entdeckungen rühmen kann, die der Sinn nicht schon dunkel *geahnet* und die Poesie nicht *geoffenbart* hätte.

Venus, ohne ihren Gürtel und ohne die Grazien, repräsentiert uns das Ideal der Schönheit, so wie letztere aus den Händen der *bloßen Natur* kommen kann und, *ohne die Einwirkung eines empfindenden Geistes*, durch die plastischen Kräfte erzeugt wird. Mit Recht stellt die Fabel für diese Schönheit eine eigene Göttergestalt zur Repräsentantin auf, denn schon das natürliche Gefühl unterscheidet sie auf das strengste von derjenigen, die dem Einfluß eines empfindenden Geistes ihren Ursprung verdankt.

Es sei mir erlaubt, diese von der bloßen Natur, nach dem Gesetz der Nothwendigkeit gebildete Schönheit, zum Unterschied von der, welche sich nach Freiheitsbedingungen richtet, die Schönheit des Baues (*architektonische Schönheit*) zu benennen. Mit diesem Namen will ich also denjenigen Theil der menschlichen Schönheit bezeichnet haben, der nicht bloß durch Naturkräfte *ausgeführt* worden (was von jeder Erscheinung gilt), sondernder auch *nur allein durch Naturkräfte bestimmt ist*.

Ein glückliches Verhältniß der Glieder, fließende Umrisse, ein lieblicher Teint, eine zarte Haut, ein feiner und freier Wuchs, eine wohlklingende Stimme u. s. f. sind Vorzüge, die man bloß der Natur und dem Glück zu verdanken hat; der *Natur*, welche die Anlage dazu hergab und selbst entwickelte; dem *Glück*, welches das Bildungsgeschäft der Natur vor jeder Einwirkung feindlicher Kräfte beschützte.

Diese Venus steigt schon *ganz vollendet* aus dem Schaume des Meers empor: vollendet, denn sie ist ein beschlossenes, streng abgewogenes Werk der Nothwendigkeit, und als solches keiner Varietät, keiner Erweiterung fähig. Da sie nämlich nichts anders ist, als ein schöner Vortrag der Zwecke, welche die Natur mit dem Menschen beabsichtet, und daher jede ihrer Eigenschaften durch den Begriff, der ihr zum Grunde liegt, vollkommen entschieden ist, so kann sie – der Anlage nach – als ganz gegeben beurtheilt werden, obgleich diese erst unter Zeitbedingungen zur Entwicklung kommt.

Die architektonische Schönheit der menschlichen Bildung muß von der technischen Vollkommenheit derselben wohl unterschieden werden. Unter der letztern hat man *das System der Zwecke* selbst zu verstehen, so wie sie sich untereinander zu einem obersten Endzweck vereinigen; unter der erstern hingegen bloß eine *Eigenschaft der Darstellung* dieser Zwecke, so wie sie sich dem anschauenden Vermögen in der Erscheinung offenbaren. Wenn man also von der Schönheit spricht, so wird weder der materielle Werth dieser Zwecke, noch die formale Kunstmäßigkeit ihrer Verbindung dabei in Betrachtung gezogen. Das anschauende Vermögen hält sich einzig nur an die Art des Erscheinens, ohne auf die logische Beschaffenheit seines Objektes die geringste Rücksicht zu nehmen. Ob also gleich die architektonische Schönheit des menschlichen Balles durch den

Begriff, der demselben zum Grunde liegt, und durch die Zwecke bedingt ist, welche die Natur mit ihm beabsichtet, so *isoliert* doch das ästhetische Urtheil sie völlig von diesen Zwecken, und nichts, als was der Erscheinung unmittelbar und eigentümlich angehört, wird in die Vorstellung der Schönheit aufgenommen.

Man kann daher auch nicht sagen, daß die Würde der Menschheit die Schönheit des menschlichen Baues *erhöhe*. In unser Urtheil über die letztere kann die Vorstellung der erstern zwar einfließen, aber alsdann hört es zugleich auf, ein rein ästhetisches Urtheil zu sein. Die Technik der menschlichen Gestalt ist allerdings ein Ausdruck seiner Bestimmung, und als ein solcher darf und soll sie uns mit Achtung erfüllen. Aber diese Technik wird nicht dem *Sinn*, sondern dem *Verstande* vorgestellt; sie kann nur *gedacht werden*, nicht *erscheinen*. Die architektonische Schönheit hingegen kann nie ein Ausdruck seiner Bestimmung sein, da sie sich an ein ganz anderes Vermögen wendet, als dasjenige ist, welches über jene Bestimmung zu entscheiden hat.

Wenn daher dem Menschen, vorzugsweise vor allen übrigen technischen Bildungen der Natur, Schönheit beigelegt wird, so ist dies nur in sofern wahr, als er schon in der *bloßen Erscheinung* diesen Vorzug behauptet, ohne daß man sich dabei seiner Menschheit zu erinnern braucht. Denn da dieses Letzte nicht anders als vermittelst eines Begriffs geschehen könnte, so würde nicht der Sinn, sondern der Verstand über die Schönheit Richter sein, welches einen Widerspruch einschließt. Die Würde seiner sittlichen Bestimmung kann also der Mensch nicht in Anschlag bringen, seinen Vorzug als Intelligenz kann er nicht geltend machen, wenn er den Preis der Schönheit behaupten will; hier ist er nichts als ein Ding im Raume, nichts als Erscheinung unter Erscheinungen. Auf seinen Rang in der Ideenwelt wird in der Sinnenwelt nicht geachtet, und wenn er in dieser die erste Stelle behaupten soll, so kann er sie nur *dem*, was in ihm *Natur* ist, zu verdanken haben.

Aber eben diese seine Natur ist, wie wir wissen, durch die Idee seiner Menschheit bestimmt worden, und so ist es denn mittelbar auch seine architektonische Schönheit. Wenn er sich also vor allen Sinnenwesen um ihn her durch höhere Schönheit unterscheidet, so ist er dafür unstreitig seiner menschlichen Bestimmung verpflichtet, welche den Grund enthält, warum er sich von den übrigen Sinnenwesen überhaupt nur unterscheidet. Aber nicht darum ist die menschliche Bildung schön, weil sie ein Ausdruck dieser höhern Bestimmung ist; denn wäre dieses, so würde die nämliche Bildung aufhören, schön zu sein, sobald sie eine niedrigere Bestimmung ausdrückte; so würde auch das Gegentheil dieser Bildung schön sein, sobald man nur annehmen könnte, daß es jene höhere Bestimmung ausdrückte. Gesetzt aber, man könnte bei einer schönen Menschengestalt ganz und gar vergessen, was sie ausdrückt; man könnte ihr, ohne sie in der Erscheinung zu verändern, den rohen Instinkt eines Tigers unterschieben, so würde das Urtheil der Augen vollkommen dasselbe bleiben, und der Sinn würde den Tiger für das schönste Werk des Schöpfers erklären.

Die Bestimmung des Menschen, als einer Intelligenz, hat also an der Schönheit seines Baues nur in sofern einen Antheil, als ihre Darstellung, d. i. ihr Ausdruck in der Erscheinung, zugleich mit den Bedingungen *zusammentrifft*, unter welchen das Schöne sich in der Sinnenwelt erzeugt. Die Schönheit selbst nämlich muß jederzeit ein freier Natureffekt bleiben, und die Vernunftidee, welche die Technik des menschlichen Baues bestimmte, kann ihm nie Schönheit *ertheilen*, sondern bloß *gestatten*.

Man könnte mir zwar einwenden, daß überhaupt alles, was in der Erscheinung sich darstellt, durch Naturkräfte ausgeführt werde, und daß dieses also kein ausschließendes Merkmal des Schönen sein könne. Es ist wahr, alle technischen Bildungen sind hervorgebracht durch Natur, aber durch Natur sind sie nicht technisch, wenigstens werden sie nicht so beurtheilt. Technisch sind sie nur durch den Verstand, und ihre technische Vollkommenheit hat also schon Existenz im Verstande, ehe sie in die Sinnenwelt hinübertritt und zur Erscheinung wird. Schönheit hingegen hat das ganz Eigentümliche, daß sie in der Sinnenwelt nicht bloß dargestellt wird, sondern auch in derselben zuerst entspringt; daß die Natur sie nicht bloß ausdrückt, sondern auch erschafft. Sie ist durchaus nur eine Eigenschaft des Sinnlichen, und auch der Künstler, der sie beabsichtet, kann sie nur in so weit erreichen, als er den Schein unterhält, daß die Natur gebildet habe.

Die Technik des menschlichen Baues zu beurtheilen, muß man die Vorstellung der Zwecke, denen sie gemäß ist, zu Hilfe nehmen; dies hat man gar nicht nöthig, um die Schönheit dieses Baues zu beurtheilen. Der Sinn allein ist hier ein völlig kompetenter Richter, und dies könnte er nicht sein, wenn nicht die Sinnenwelt (die sein einziges Objekt ist) alle Bedingungen der Schönheit enthielte und also zu Erzeugung derselben vollkommen hinreichend wäre. *Mittelbar* freilich ist die Schönheit des Menschen in dem Begriff seiner Menschheit gegründet, weil seine ganze sinnliche Natur in diesem Begriffe gegründet ist; aber der Sinn, weiß man, hält sich nur an das *Unmittelbare*, und für ihn ist es also gerade so viel, als wenn sie ein ganz unabhängiger Natureffekt wäre.

Nach dem Bisherigen sollte es nun scheinen, als wenn die Schönheit für die Vernunft durchaus kein Interesse haben könnte, da sie bloß in der Sinnenwelt entspringt und sich auch nur an das sinnliche Erkenntnißvermögen wendet. Denn nachdem wir von dem Begriff derselben, als fremdartig, abgesondert haben, was die *Vorstellung der Vollkommenheit* in unser Urtheil über die Schönheit zu mischen kaum unterlassen kann, so scheint dieser nichts mehr übrig zu bleiben, wodurch sie der Gegenstand eines vernünftigen Wohlgefallens sein könnte. Nichtsdestoweniger ist es eben so ausgemacht, daß das Schöne *der Vernunft gefällt*, als es entschieden ist, daß es auf keiner solchen Eigenschaft des Objektes beruht, die nur durch Vernunft zu entdecken wäre.

Um diesen anscheinenden Widerspruch aufzulösen, muß man sich erinnern, daß es zweierlei Arten gibt, wodurch Erscheinungen Objekte der Vernunft werden und Ideen ausdrücken können. Es ist nicht immer nöthig, daß die Vernunft diese Ideen aus den Erscheinungen *herauszieht*; sie kann sie auch in dieselben *hineinlegen*. In beiden Fällen wird die Erscheinung einem Vernunftbegriff adäquat sein, nur mit dem Unterschied, daß in dem ersten Fall die Vernunft ihn schon objektiv darin findet und ihn gleichsam von dem Gegenstand nur empfängt, weil der Begriff gesetzt werden muß, um die Beschaffenheit und oft selbst um die Möglichkeit des Objekts zu erklären; daß sie hingegen in dem zweiten Fall das, was unabhängig von ihrem Begriff in der Erscheinung gegeben ist, selbstthätig zu Deinem Ausdruck desselben *macht* und also etwas bloß Sinnliches übersinnlich behandelt. Dort ist also die Idee mit dem Gegenstand objektiv nothwendig, hier hingegen höchstens subjektiv nothwendig verknüpft. Ich brauche nicht zu sagen, daß ich jenes von der Vollkommenheit, dieses von der Schönheit verstehe.

Da es also in dem zweiten Fall in Ansehung des sinnlichen Objektes ganz und gar zufällig ist, ob es eine Vernunft gibt, die mit der Vorstellung desselben eine ihrer Ideen verbindet, folglich die objektive Beschaffenheit des Gegenstandes von dieser Idee als völlig unabhängig muß betrachtet werden, so thut man ganz recht, das Schöne, *objektiv*, auf lauter Naturbedingungen einzuschränken und es für einen bloßen Effekt der Sinnenwelt zu erklären. Weil aber doch – auf der andern Seite – die Vernunft von diesem Effekt der bloßen Sinnenwelt einen transscendenten Gebrauch macht und ihm dadurch, daß sie ihm eine höhere Bedeutung leiht, gleichsam ihren Stempel aufdrückt, so hat man ebenfalls recht, das Schöne, *subjektiv*, in die intelligible Welt zu versetzen. Die Schönheit ist daher als die Bürgerin zweier Welten anzusehen, deren einer sie durch *Geburt*, der andern durch *Adoption* angehört; sie empfängt ihre Existenz in der sinnlichen Natur und erlangt in der Vernunftwelt das Bürgerrecht. Hieraus erklärt sich auch, wie es zugeht, daß der Geschmack, als ein Beurtheilungsvermögen des Schönen, zwischen Geist und Sinnlichkeit in die Mitte tritt und diese beiden einander verschmähenden Naturen zu einer glücklichen Eintracht verbindet – wie er dem *Materiellen* die Achtung der Vernunft, wie er dem *Rationalen* die Zuneigung der Sinne erwirbt – wie er Anschauungen zu Ideen adelt und selbst die Sinnenwelt gewissermaßen in ein Reich der Freiheit verwandelt.

Wiewohl es aber – in Ansehung des Gegenstandes selbst – zufällig ist, ob die Vernunft mit der Vorstellung desselben eine ihrer Ideen verbindet, so ist es doch – für das vorstellende Subjekt – nothwendig, mit einer solchen Vorstellung eine solche Idee zu verknüpfen. Diese Idee und das ihr korrespondierende sinnliche Merkmal an dem *Objekte* müssen mit einander in einem solchen Verhältniß stehen, daß die Vernunft durch ihre eignen unveränderlichen Gesetze zu dieser Handlung genöthigt wird. In der Vernunft selbst muß also der Grund liegen, warum sie ausschließend nur mit einer *gewissen* Erscheinungsart der Dinge eine bestimmte Idee verknüpft, und in dem Objekte muß wieder der Grund liegen, warum es ausschließend nur *diese* Idee und keine andre hervorruft. Was für eine Idee das nun sei, die die Vernunft in das Schöne hineinträgt, und durch welche objektive Eigenschaft der schöne Gegenstand fähig sei, dieser Idee zum Symbol zu dienen – dies ist eine viel zu wichtige Frage, um hier bloß im Vorübergehen beantwortet zu werden, und deren Erörterung ich also auf eine Analytik des Schönen verspare.

Die architektonische Schönheit des Menschen ist also, auf die Art, wie ich eben erwähnte, *der sinnliche Ausdruck eines Vernunftbegriffs*; aber sie ist es in keinem andern Sinne und mit keinem größern Rechte, als überhaupt jede schöne Bildung der Natur. *Dem Grade nach* übertrifft sie zwar alle andern Schönheiten, aber *der Art nach* steht sie in der nämlichen Reihe mit denselben, da auch sie von ihrem Subjekte nichts, als was sinnlich ist, offenbart und erst in der Vorstellung eine übersinnliche Bedeutung empfängt.[2] Daß die Darstellung der Zwecke am Menschen schöner ausgefallen ist, als bei andern organischen Bildungen, ist als eine *Gunst* anzusehen, welche die Vernunft, als Gesetzgeberin des menschlichen Baues, der Natur als Ausrichterin ihrer Gesetze erzeigte. Die Vernunft verfolgt zwar bei der Technik des Menschen ihre Zwecke mit strenger Nothwendigkeit, aber glücklicher Weise treffen ihre Forderungen mit der Nothwendigkeit der Natur *zusammen*, so daß die letztere den Auftrag der erstern vollzieht, indem sie bloß nach ihrer eigenen Neigung handelt.

Dieses kann aber nur von der *architektonischen* Schönheit des Menschen gelten, wo die Naturnothwendigkeit durch die

---

2 Denn – um es noch einmal zu wiederholen – in der bloßen Anschauung wird alles, was an der Schönheit objektiv ist, gegeben. Da aber das, was dem Menschen den Vorzug vor allen übrigen Sinnenwesen gibt, in der bloßen Anschauung nicht vorkommt, so kann eine Eigenschaft, die sich schon in der bloßen Anschauung offenbart, diesen Vorzug nicht sichtbar machen. Seine höhere Bestimmung, die allein diesen Vorzug begründet, wird also durch seine Schönheit nicht ausgedrückt, und die Vorstellung von jener kann daher nie ein Ingredienz von dieser abgeben, nie in das ästhetische Urtheil mit aufgenommen werden. Nicht der Gedanke selbst, dessen Ausdruck die menschliche Bildung ist, bloß die Wirkungen desselben in der Erscheinung offenbaren sich dem Sinn. Zu dem übersinnlichen Grund dieser Wirkungen erhebt der bloße Sinn sich eben so wenig, als (wenn man mir dies Beispiel verstatten will) als der bloß sinnliche Mensch zu der Idee der obersten Welturscache hinaufsteigt, wenn er seine Triebe befriedigt.

Nothwendigkeit des sie bestimmenden teleologischen Grundes unterstützt wird. Hier allein konnte die Schönheit gegen die Technik des Baues *berechnet* werden, welches aber nicht mehr statt findet, sobald die Nothwendigkeit nur einseitig ist und die übersinnliche Ursache, welche die Erscheinung bestimmt, sich zufällig verändert. Für die architektonische Schönheit des Menschen sorgt also die Natur *allein*, weil ihr hier, gleich in der ersten Anlage, die Vollziehung alles Dessen, was der Mensch zu Erfüllung seiner Zwecke *bedarf*, einmal für immer von dem schaffenden Verstand *übergeben* wurde und sie also in diesem ihrem *organischen* Geschäft keine Neuerung zu befürchten hat.

Der Mensch aber ist zugleich eine Person, ein Wesen also, welches *selbst* Ursache, und zwar absolut letzte Ursache seiner Zustände sein, welches sich nach Gründen, die es auf sich selbst nimmt, verändern kann. Die Art seines Erscheinens ist abhängig von der Art seines Empfindens und Wollens, also von Zuständen, die er selbst in seiner Freiheit, und nicht die Natur nach ihrer Nothwendigkeit bestimmt.

Wäre der Mensch bloß ein Sinnenwesen, so würde die Natur zugleich die *Gesetze* geben und die *Fälle* der Anwendung bestimmen; jetzt theilt sie das Regiment mit der Freiheit, und obgleich ihre Gesetze Bestand haben, so ist es nunmehr doch der Geist, der über die Fälle entscheidet.

Das Gebiet des Geistes erstreckt sich *so weit, als die Natur lebendig ist,* und endigt nicht eher, als wo das organische Leben sich in die formlose Masse verliert und die animalischen Kräfte aufhören. Es ist bekannt, daß alle bewegenden Kräfte im Menschen unter einander zusammenhängen, und so läßt sich einsehen, wie der Geist – auch nur als Princip der willkürlichen Bewegung betrachtet – seine Wirkungen durch das ganze System derselben fortpflanzen kann. Nicht bloß die Werkzeuge des Willens, auch diejenigen, über welche der Wille nicht unmittelbar zu gebieten hat, erfahren wenigstens mittelbar seinen Einfluß. Der Geist bestimmt sie nicht bloß absichtlich, wenn er handelt, sondern auch unabsichtlich, wenn er empfindet.

Die Natur für sich allein kann, wie aus dem Obigen klar ist, nur für die Schönheit derjenigen Erscheinungen sorgen, die sie selbst uneingeschränkt nach dem Gesetz der Nothwendigkeit zu bestimmen hat. Aber mit der *Willkür* tritt der *Zufall* in ihre Schöpfung ein, und obgleich die Veränderungen, welche sie unter dem Regiment der Freiheit erleidet, *nach* keinen andern als ihren eigenen Gesetzen erfolgen, so erfolgen sie doch nicht mehr *aus* diesen Gesetzen. Da es jetzt auf den Geist ankommt, welchen Gebrauch er von seinen Werkzeugen machen will, so kann die Natur über denjenigen Theil der Schönheit, welcher von diesem Gebrauch abhängt, nichts mehr zu gebieten und also auch nichts mehr zu verantworten haben.

Und so würde denn der Mensch in Gefahr schweben, gerade da, wo er sich durch den Gebrauch seiner Freiheit zu den reinen Intelligenzen erhebt, als Erscheinung zu *sinken* und in dem Urtheile des Geschmacks zu verlieren, was er vor dem Richterstuhl der Vernunft gewinnt. Die durch sein Handeln *erfüllte* Bestimmung würde ihm einen Vorzug kosten, den die in seinem Bau bloß *angekündigte* Bestimmung begünstigte; und wenn gleich dieser Vorzug nur sinnlich ist, so haben wir doch gefunden, daß ihm die Vernunft eine höhere Bedeutung ertheilt. Eines so groben Widerspruchs macht sich die Uebereinstimmung liebende Natur nicht schuldig, und was in dem Reiche der Vernunft harmonisch ist, wird sich durch keinen Mißklang in der Sinnenwelt offenbaren.

Indem also die Person oder das freie Principium im Menschen es auf sich nimmt, das Spiel der Erscheinungen zu bestimmen, und durch seine Dazwischenkunft der Natur die Macht entzieht, die Schönheit ihres Werks zu beschützen, so tritt es selbst an die Stelle der Natur und übernimmt (wenn mir dieser Ausdruck erlaubt ist) mit den Rechten derselben einen Theil ihrer Verpflichtungen. Indem der Geist die ihm untergeordnete Sinnlichkeit in sein Schicksal verwickelt und von seinen Zuständen abhängen läßt, macht er sich gewissermaßen selbst zur Erscheinung und bekennt sich als ein Unterthan des Gesetzes, welches an alle Erscheinungen ergehet. Um seiner selbst willen macht er sich verbindlich, die von ihm abhängende Natur auch noch in *seinem* Dienste Natur bleiben zu lassen und sie ihrer früheren Pflicht nie *entgegen* zu behandeln. Ich nenne die Schönheit eine *Pflicht* der Erscheinungen, weil das ihr entsprechende Bedürfniß im Subjekte in der Vernunft selbst gegründet und daher allgemein und nothwendig ist. Ich nenne sie eine *frühere*

Pflicht, weil der Sinn schon geurtheilt hat, ehe der Verstand sein Geschäft beginnt.

Die Freiheit regiert also jetzt die Schönheit. Die Natur gab die Schönheit des Baues, die Seele gibt die Schönheit des Spiels. Und nun wissen wir auch, was wir unter Anmuth und Grazie zu verstehen haben. Anmuth ist die Schönheit der Gestalt unter dem Einfluß der Freiheit; die Schönheit derjenigen Erscheinungen, die die Person bestimmt. Die architektonische Schönheit macht dem Urheber der Natur, Anmuth und Grazie machen ihrem Besitzer Ehre. Jene ist ein *Talent*, diese ein *persönliches Verdienst*.

Anmuth kann nur der *Bewegung* zukommen, denn eine Veränderung im Gemüth kann sich nur als Bewegung in der Sinnenwelt offenbaren. Dies hindert aber nicht, daß nicht auch feste und ruhende Züge Anmuth zeigen könnten. Diese festen Züge waren ursprünglich nichts als Bewegungen, die endlich bei oftmaliger Erneuerung habituell wurden und bleibende Spuren eindrückten.[3]

Aber nicht alle Bewegungen am Menschen sind der Grazie fähig. Grazie ist immer nur die Schönheit *der durch Freiheit bewegten Gestalt*, und Bewegungen, *die bloß der Natur angehören*, können nie

---

[3] Daher nimmt Home den Begriff der Anmuth viel zu eng an, wenn er (Grundsätze d. Kritik II. 39. Neueste Ausgabe) sagt:»daß, wenn die anmuthigste Person in Ruhe sei und sich weder bewege noch spreche, wir die Eigenschaft der Anmuth, wie die Farbe im Finstern, aus den Augen verlieren.« Nein, wir verlieren sie nicht aus den Augen, so lange wir an der schlafenden Person die Züge wahrnehmen, die ein wohlwollender, sanfter Geist gebildet hat, und gerade der schandbarste Theil der Grazie bleibt übrig, derjenige nämlich, der sich aus Geberden zu Zügen verfestete und also die Fertigkeit des Gemüths in schönen Empfindungen an den Tag legt. Wenn aber der Herr Berichtiger des Home'schen Werks seinen Autor durch die Bemerkung zurecht zu weisen glaubte (siehe in demselben Band Seite 459).»daß sich die Anmuth nicht bloß auf willkürliche Bewegungen einschränke, daß eine schlafende Person nicht aufhöre, reizend zu sein,« – und warum?»weil während dieses Zustandes die unwillkürlichen, sanften und eben deßwegen desto anmuthigern Bewegungen erst recht sichtbar werden,« so hebt er den Begriff der Grazie ganz auf, den Home bloß zu sehr einschränkte. Unwillkürliche Bewegungen im Schlafe, wenn es nicht mechanische Wiederholungen von willkürlichen sind, können nie anmuthig sein, weit entfernt, daß sie es vorzugsweise sein könnten, und wenn eine schlafende Person reizend ist, so ist sie es keineswegs durch die Bewegungen, die sie macht, sondern durch ihre Züge, die von vorhergegangenen Bewegungen zeugen.

diesen Namen verdienen. Es ist zwar an dem, daß ein lebhafter Geist sich zuletzt beinahe aller Bewegungen seines Körpers bemächtigt, aber wenn die Kette sehr lang wird, wodurch sich ein schöner Zug an moralische Empfindungen anschließt, so wird er eine Eigenschaft des Baues und läßt sich kaum mehr zur Grazie zählen. Endlich *bildet* sich der Geist sogar seinen Körper, und der *Bau* selbst muß dem *Spiele* folgen, so daß sich die Anmuth zuletzt nicht selten in architektonische Schönheit verwandelt.

So wie ein feindseliger, mit sich uneiniger Geist selbst die erhabenste Schönheit des Baues zu Grund richtet, daß man unter den unwürdigen Händen der Freiheit das herrliche Meisterstück der Natur zuletzt nicht mehr erkennen kann, so sieht man auch zuweilen das heitre und in sich harmonische Gemüth der durch Hindernisse gefesselten Technik zu Hilfe kommen, die Natur in Freiheit setzen und die noch eingewickelte gedrückte Gestalt mit göttlicher Glorie *auseinander breiten*. Die plastische Natur des Menschen hat unendlich viele Hilfsmittel in sich selbst, ihr Versäumniß herein zu bringen und ihre Fehler zu verbessern, sobald nur der sittliche Geist sie in ihrem Bildungswerk unterstützen, oder auch manchmal nur nicht beunruhigen will.

Da auch die *verfesteten Bewegungen* (in Züge übergegangene Geberden) von der Anmuth nicht ausgeschlossen sind, so könnte es das Ansehen haben, als ob überhaupt auch die Schönheit der *anscheinenden* oder *nachgeahmten Bewegungen* (die flammigten oder geschlängelten Linien) gleichfalls mit dazu gerechnet werden müßte, wie Mendelssohn auch wirklich behauptet.[4] Aber dadurch würde der Begriff der Anmuth zu dem Begriff der Schönheit überhaupt erweitert; denn *alle* Schönheit ist zuletzt bloß eine Eigenschaft der wahren oder anscheinenden (objektiven oder subjektiven) Bewegung, wie ich in einer Zergliederung des Schönen zu beweisen hoffe. Anmuth aber können nur solche Bewegungen zeigen, die zugleich einer Empfindung entsprechen.

Die Person – man weiß, was ich damit andeuten will – schreibt dem Körper die Bewegungen entweder durch ihren Willen vor, wenn sie eine vorgestellte Wirkung in der Sinnenwelt realisiren

---

[4] Philosophische Schriften I. 90.

will, und in diesem Fall heißen die Bewegungen *willkürlich* oder abgezweckt; oder solche erfolgen, ohne den Willen der Person, nach einem Gesetz der Nothwendigkeit – aber auf Veranlassung einer Empfindung; diese nenne ich *sympathetische* Bewegungen. Ob die letztern gleich unwillkürlich und in einer Empfindung gegründet sind, so darf man sie doch mit denjenigen nicht verwechseln, welche das sinnliche Gefühlvermögen und der Naturtrieb bestimmt; denn der Naturtrieb ist kein freies Princip, und was er verrichtet, das ist keine Handlung der Person. Unter den sympathetischen Bewegungen, von denen hier die Rede ist, will ich also nur diejenigen verstanden haben, welche der moralischen Empfindung, oder der moralischen Gesinnung zur Begleitung dienen.

Die Frage entsteht nun, welche von diesen beiden Arten der in der Person gegründeten Bewegungen ist der Anmuth fähig?

Was man beim Philosophieren nothwendig von einander trennen muß, ist darum nicht immer auch in der Wirklichkeit getrennt. So findet man abgezweckte Bewegungen selten ohne sympathetische, weil der Wille als die Ursache von *jenen* sich nach moralischen Empfindungen bestimmt, aus welchen *diese* entspringen. Indem eine Person spricht, sehen wir zugleich ihre Blicke, ihre Gesichtszüge, ihre Hände, ja oft den ganzen Körper *mitsprechen*, und der *mimische* Theil der Unterhaltung wird nicht selten für den beredtsten geachtet. Aber auch selbst eine abgezweckte Bewegung kann zugleich als eine sympathetische anzusehen sein, und dies geschieht alsdann, wenn sich etwas Unwillkürliches in das Willkürliche derselben mit einmischt.

Die Art und Weise nämlich, wie eine willkürliche Bewegung vollzogen wird, ist durch ihren Zweck nicht so genau bestimmt, daß es nicht mehrere Arten geben sollte, nach denen sie kann verrichtet werden. Dasjenige nun, was durch den Willen oder den Zweck dabei unbestimmt gelassen ist, kann durch den Empfindungszustand der Person sympathetisch bestimmt werden und also zu einem Ausdruck desselben dienen. Indem ich meinen Arm ausstrecke, um einen Gegenstand in Empfang zu nehmen, so führe ich einen Zweck aus, und die Bewegung, die ich mache, wird durch die Absicht, die ich damit erreichen will, vorgeschrieben. Aber welchen Weg ich meinen Arm zu dem Gegenstand nehmen und wie weit ich meinen übrigen Körper will nachfolgen lassen; wie geschwind oder langsam, und mit wie viel oder wenig Kraftaufwand ich die Bewegung verrichten will, in diese genaue Berechnung lasse ich mich in *dem* Augenblick nicht ein, und der Natur in mir wird also hier etwas anheim gestellt. Auf irgend eine Art und Weise muß aber doch dieses durch den bloßen Zweck nicht Bestimmte entschieden werden, und hier also kann meine Art zu empfinden den Ausschlag geben und durch den Ton, den sie angibt, die Art und Weise der Bewegung bestimmen. Der Antheil nun, den der Empfindungszustand der Person an einer willkürlichen Bewegung hat, ist das Unwillkürliche an derselben, und er ist auch das, worin man die Grazie zu suchen hat.

Eine *willkürliche* Bewegung, wenn sie sich nicht zugleich mit einer sympathetischen verbindet oder, was eben so viel sagt, nicht mit etwas *Unwillkürlichem*, das in dem moralischen Empfindungszustand der Person seinen Grund hat, vermischet, kann *niemals* Grazie zeigen, wozu immer ein Zustand im Gemüth als Ursache erfordert wird. Die willkürliche Bewegung *erfolgt* auf eine Handlung des Gemüths, welche also vergangen ist, wenn die Bewegung geschieht.

Die sympathetische Bewegung hingegen *begleitet* die Handlung des Gemüths und den Empfindungszustand desselben, durch den es zu dieser Handlung vermocht wird, und muß daher mit beiden als *gleichlaufend* betrachtet werden.

Es erhellt schon daraus, daß die erste, die nicht von der Gesinnung der Person unmittelbar ausfließt, auch keine Darstellung derselben sein kann. Denn zwischen die Gesinnung und die Bewegung selbst tritt der *Entschluß*, der, für sich betrachtet, etwas ganz Gleichgültiges ist; die Bewegung ist Wirkung des *Entschlusses* und des Zweckes, nicht aber der Person und der Gesinnung.

Die willkürliche Bewegung ist mit der ihr vorangehenden Gesinnung zufällig, die begleitende hingegen nothwendig damit verbunden. Jene verhält sich zum Gemüth, wie das conventionelle Sprachzeichen zu dem Gedanken, den es ausdrückt; die sympathetische oder begleitende hingegen wie der leidenschaftliche Laut zu der Leidenschaft. Jene ist daher nicht ihrer *Natur*, sondern bloß ihrem *Gebrauch* nach Darstellung des Geistes. Also kann man auch nicht wohl sagen, daß der *Geist* in einer willkürlichen Bewegung sich offenbare, da sie nur die *Materie des Willens* (den Zweck), nicht aber die *Form des Willens* (die Gesinnung) ausdrückt. Von der letztern kann uns nur die begleitende Bewegung belehren.[5]

Daher wird man aus den Reden eines Menschen zwar abnehmen können, *für was er will gehalten sein*, aber das, *was er wirklich ist*, muß man aus dem mimischen Vortrag seiner Worte und auf seinen Geberden, also aus Bewegungen, *die er nicht will*, zu errathen suchen. Erfährt man aber, daß ein Mensch auch seine Gesichtszüge *wollen* kann, so traut man seinem Gesicht, von dem Augenblick dieser Entdeckung an, nicht mehr und läßt jene auch nicht mehr für einen Ausdruck seiner Gesinnungen gelten.

---

[5] Wenn sich eine Begebenheit vor einer zahlreichen Gesellschaft ereignet, so kann es sich treffen, daß jeder Anwesende von der Gesinnung der handelnden Personen seine eigene Meinung hat; so zufällig sind willkürliche Bewegungen mit ihrer moralischen Ursache verbunden. Wenn hingegen Einem aus dieser Gesellschaft ein sehr geliebter Freund oder ein sehr verhaßter Feind unerwartet in die Augen fiele, so würde der unzweideutige Ausdruck seines Gesichts die Empfindungen seines Herzens schnell und bestimmt an den Tag legen, und das Urtheil der ganzen Gesellschaft über den gegenwärtigen Empfindungszustand dieses Menschen würde wahrscheinlich völlig einstimmig sein; denn der Ausdruck ist hier mit seiner Ursache im Gemüth durch Naturnothwendigkeit verbunden.

Nun mag zwar ein Mensch durch Kunst und Studium es zuletzt wirklich dahin bringen, daß er auch die begleitenden Bewegungen seinem Willen unterwirft und gleich einem geschickten Taschenspieler, welche Gestalt er will, auf den mimischen Spiegel seiner Seele fallen lassen kann. Aber an einem solchen Menschen ist dann auch alles Lüge, und alle Natur wird von der Kunst verschlungen. Grazie hingegen muß jederzeit Natur, d. i. unwillkürlich sein (wenigstens so scheinen), und das Subjekt selbst darf nie so aussehen, als wenn es *um seine Anmuth wüßte.*

Daraus ersieht man auch beiläufig, was man von der *nachgeahmten* oder *gelernten* Anmuth (die ich die theatralische und die Tanzmeistergrazie nennen möchte) zu halten habe. Sie ist ein würdiges Gegenstück zu derjenigen *Schönheit,* die am Putztisch aus Karmin und Bleiweiß, falschen Locken, fausses gorges und Wallfischrippen hervorgeht, und verhält sich ungefähr eben so zu der wahren Anmuth, wie die *Toiletten-Schönheit* sich zu der *architektonischen* verhält.[6] Auf einen ungeübten Sinn können beide völlig denselben Effekt machen, wie das Original, das sie nachahmen; und ist die Kunst groß, so kann sie auch zuweilen den Kenner betrügen. Aber auf irgend einem Zuge blickt endlich doch der Zwang und die Absicht hervor, und dann ist Gleichgültigkeit, wo nicht gar Verachtung und Ekel die unvermeidliche Folge. Sobald wir merken, daß die architektonische Schönheit *gemacht* ist, so sehen wir gerade so viel von der Menschheit (als Erscheinung) verschwunden, als aus einem fremden Naturgebiet zu derselben geschlagen worden ist – und wie sollten wir, die wir nicht einmal Wegwerfung eines zufälligen Vorzugs verzeihen, mit Vergnügen, ja auch nur mit Gleichgültigkeit einen Tausch betrachten, wobei ein Theil der Menschheit für

---

6 Ich bin eben so weit entfernt, bei dieser Zusammenstellung dem Tanzmeister sein Verdienst um die wahre Grazie, als dem Schauspieler seinen Anspruch darauf abzustreiten. Der Tanzmeister kommt der wahren Anmuth unstreitig zu Hilfe, indem er dem Willen die Herrschaft über seine Werkzeuge verschafft und die Hindernisse hinwegräumt, welche die Masse und Schwerkraft dem Spiel der lebendigen Kräfte entgegensetzen. Er kann dies nicht anders als nach Regeln verrichten, welche den Körper in einer heilsamen Zucht erhalten und, so lange die Tragzeit widerstrebt, steif, d. i. zwingend sein und auch so aussehen dürfen. Entläßt er aber den Lehrling aus seiner Schule, so muß die Regel bei diesem ihren Dienst schon geleistet haben, daß sie ihn nicht in die Welt zu begleiten braucht: kurz, das Werk der Regel muß in Natur übergehen.

gemeine Natur ist hingegeben worden? Wie sollten wir, wenn wir auch die Wirkung verzeihen könnten, den Betrug nicht verachten? – Sobald wir merken, daß die *Anmuth* erkünstelt ist, so schließt sich plötzlich unser Herz, und zurück flieht die ihr entgegenwallende Seele. Aus Geist sehen wir plötzlich Materie geworden, und ein Wolkenbild aus einer himmlischen Juno.

Ob aber gleich die Anmuth etwas Unwillkürliches sein oder scheinen muß, so suchen wir sie doch nur bei Bewegungen, die, mehr oder weniger, von dem Willen abhängen. Man legt zwar auch einer gewissen Geberdensprache Grazie bei und spricht von einem anmuthigen Lächeln und einem reizenden Erröthen, welches doch beides sympathetische Bewegungen sind, worüber nicht der Wille, sondern die Empfindung entscheidet. Allein nicht zu rechnen, daß jenes doch in unserer Gewalt ist und daß noch gezweifelt werden kann, ob dieses auch eigentlich zur Anmuth gehöre, so sind doch bei weitem die mehrern Fälle, in welchen sich die Grazie offenbart, aus dem Gebiet der willkürlichen Bewegungen. Man fordert Anmuth von der Rede und vom Gesang, von dem willkürlichen Spiele der Augen und des Mundes, von den Bewegungen der Hände und der Arme bei jedem freien Gebrauch derselben, von dem Gange, von der Haltung des Körpers und der Stellung, von dem ganzen Bezeugen eines Menschen, insofern es in seiner Gewalt ist. Von denjenigen Bewegungen am Menschen, die der Naturtrieb oder ein herrgewordener Affekt *auf seine eigene Hand* ausführt, und die also auch ihrem Ursprung nach sinnlich sind, verlangen wir etwas ganz anders als Anmuth, wie sich nachher entdecken wird. Dergleichen Bewegungen gehören der *Natur* und nicht der *Person* an, aus der doch allein alle Grazie quellen muß.

Wenn also die Anmuth eine Eigenschaft ist, die wir von willkürlichen Bewegungen fordern, und wenn auf der andern Seite von der Anmuth selbst doch alles Willkürliche verbannt sein muß, so werden wir sie in demjenigen, was bei absichtlichen Bewegungen unabsichtlich, zugleich aber einer moralischen Ursache im Gemüth entsprechend ist, aufzusuchen haben.

Dadurch wird übrigens bloß die Gattung von Bewegungen bezeichnet, unter welcher man die Grazie zu suchen hat; aber eine

Bewegung kann alle diese Eigenschaften haben, ohne deßwegen anmuthig zu sein. Sie ist dadurch bloß *sprechend* (mimisch).

Sprechend (im weitesten Sinne) nenne ich jede Erscheinung am Körper, die einen Gemütszustand begleitet und ausdrückt. In dieser Bedeutung sind also alle sympathetischen Bewegungen sprechend, selbst diejenigen, welche bloßen Affektionen der Sinnlichkeit zur Begleitung dienen.

Auch thierische Bildungen sprechen, indem ihr Aeußeres das Innere offenbart. Hier aber spricht bloß die *Natur*, nie die *Freiheit*. In der permanenten Gestalt und in den festen architektonischen Zügen des Thieres kündigt die Natur ihren *Zweck*, in den mimischen Zügen das erwachte oder gestillte *Bedürfniß* an. Der Ring der Nothwendigkeit geht durch das Thier wie durch die Pflanze, ohne durch eine *Person* unterbrochen zu werden. Die Individualität seines Daseins ist nur die besondre Vorstellung eines allgemeinen Naturbegriffs; die Eigenthümlichkeit seines gegenwärtigen Zustandes bloß Beispiel einer Ausführung des Naturzwecks unter bestimmten Naturbedingungen.

Sprechend im *engern* Sinn ist nur die menschliche Bildung, und diese auch nur in denjenigen ihrer Erscheinungen, die seinen moralischen Empfindungszustand begleiten und demselben zum Ausdruck dienen.

Nur in *diesen* Erscheinungen; denn in allen andern steht der Mensch in gleicher Reihe mit den übrigen Sinnenwesen. In seiner permanenten Gestalt und in seinen architektonischen Zügen legt bloß die *Natur*, wie beim Thier und allen organischen Wesen, ihre Absicht vor. Die Absicht der Natur mit ihm kann zwar viel weiter gehen, als bei diesen, und die Verbindung der Mittel zu Erreichung derselben kunstreicher und verwickelter sein; dies alles kommt bloß auf Rechnung der *Natur* und kann ihm selbst zu keinem Vorzug gereichen.

Bei dem Thiere und der Pflanze gibt die Natur nicht bloß die Bestimmung an, sondern *führt sie auch allein* aus. Dem Menschen aber gibt sie bloß die Bestimmung und überläßt *ihm selbst* die Erfüllung derselben. Dies allein macht ihn zum Menschen.

Der Mensch allein hat als Person unter allen bekannten Wesen das Vorrecht, in den Ring der Nothwendigkeit, der für bloße Naturwesen unzerreißbar ist, durch seinen Willen zu greifen und eine ganz frische Reihe von Erscheinungen in sich selbst anzufangen. Der Akt, durch den er dieses wirkt, heißt vorzugsweise eine *Handlung*, und diejenigen seiner Verrichtungen, die aus einer solchen Handlung herfließen, ausschließungsweise seine *Thaten*. Er kann also, daß er eine Person ist, bloß durch seine Thaten beweisen.

Die Bildung des Thiers drückt nicht nur den Begriff seiner Bestimmung, sondern auch das Verhältniß seines gegenwärtigen Zustandes zu dieser Bestimmung aus. Da nun bei dem Thiere die Natur die Bestimmung zugleich gibt und erfüllt, so kann die Bildung des Thiers nie etwas anders als das Werk der Natur ausdrücken.

Da die Natur dem Menschen zwar die Bestimmung *gibt*, aber die Erfüllung derselben *in seinen Willen stellt*, so kann das gegenwärtige Verhältniß seines Zustandes zu seiner Bestimmung nicht Werk der Natur, sondern muß sein eigenes Werk sein. Der Ausdruck dieses Verhältnisses in seiner Bildung gehört also nicht der Natur, sondern ihm selbst an, das ist, es ist ein persönlicher Ausdruck. Wenn wir also aus dem architektonischen Theil seiner Bildung erfahren, was die *Natur* mit ihm beabsichtet hat, so erfahren wir aus dem mimischen Theil derselben, was *er selbst* zu Erfüllung dieser Absicht *gethan* hat.

Bei der Gestalt des Menschen begnügen wir uns also nicht damit, daß sie uns bloß den allgemeinen Begriff der Menschheit, oder was etwa die *Natur* zu Erfüllung desselben an diesem Individuum wirkte, vor Augen stelle, denn das würde er mit jeder technischen Bildung gemein haben. Wir erwarten noch von seiner Gestalt, daß sie uns zugleich offenbare, in wie weit er in seiner Freiheit dem Naturzweck entgegen kam, d. i. daß sie Charakter zeige. In dem erstern Fall sieht man wohl, daß die Natur es mit ihm auf einen Menschen *anlegte*; aber nur aus dem zweiten ergibt sich, ob er es *wirklich* geworden ist.

Die Bildung eines Menschen ist also nur in so weit *seine* Bildung, als sie mimisch ist; aber auch *so weit sie mimisch ist*, ist sie sein. Denn, wenn gleich der größere Theil dieser mimischen Züge, ja, wenn gleich alle bloßer Ausdruck der Sinnlichkeit wären und ihm also schon als bloßem Thiere zukommen könnten, so war er bestimmt und fähig, die Sinnlichkeit durch seine Freiheit einzuschränken. Die Gegenwart solcher Züge beweist also den Nichtgebrauch jener Fähigkeit und die Nichterfüllung jener Bestimmung; ist also eben so gewiß moralisch sprechend, als die Unterlassung einer Handlung, welche die Pflicht gebietet, eine Handlung ist.

Von den sprechenden Zügen, die immer ein Ausdruck der Seele sind, muß man die stummen Züge unterscheiden, die bloß die plastische Natur, insofern sie von jedem Einfluß der Seele unabhängig wirkt, in die menschliche Bildung zeichnet. Ich nenne diese Züge *stumm*, weil sie als unverständliche Chiffern der Natur von dem Charakter schweigen. Sie zeigen bloß die Eigentümlichkeit der Natur im Vortrag der Gattung und reichen oft für sich allein schon hin, das *Individuum* zu unterscheiden, aber von der *Person* können sie nie etwas offenbaren. Für den Physiognomen sind diese stummen Züge keineswegs bedeutungsleer, weil der Physiognome nicht bloß wissen will, was der Mensch selbst aus sich gemacht, sondern auch, was die Natur für und gegen ihn gethan hat.

Es ist nicht so leicht, die Grenzen anzugeben, wo die stummen Züge aufhören und die sprechenden beginnen. Die gleichförmig wirkende Bildungskraft und der gesetzlose Affekt streiten unaufhörlich um ihr Gebiet; und was die *Natur* mit unermüdeter stiller Thätigkeit erbaute, wird oft wieder umgerissen von der *Freiheit*, die gleich einem anschwellenden Strome über ihre Ufer tritt. Ein reger Geist verschafft sich auf *alle* körperlichen Bewegungen Einfluß und kommt zuletzt mittelbar dahin, auch selbst die festen Formen der Natur, die dem Willen unerreichbar sind, durch die Macht des sympathetischen Spiels zu verändern. An einem solchen Menschen wird endlich alles Charakterzug, wie wir an manchen Köpfen finden, die ein langes Leben, außerordentliche Schicksale und ein thätiger Geist völlig *durchgearbeitet* haben. Der plastischen Natur gehört an solchen Formen nur das *Generische*, die ganze *Individualität* der Ausführung aber der Person an; daher sagt man sehr richtig, daß an einer solchen Gestalt alles Seele sei.

Dagegen zeigen uns jene zugestutzten Zöglinge der *Regel* (die zwar die Sinnlichkeit zur Ruhe bringen, aber die Menschheit nicht wecken kann) in ihrer flachen und ausdruckslosen Bildung überall nichts, als den Finger der Natur. Die geschäftlose Seele ist ein bescheidener Gast in ihrem Körper und ein friedlicher stiller Nachbar der sich selbst überladenen Bildungskraft. Kein anstrengender Gedanke, keine Leidenschaft greift in den ruhigen Takt des physischen Lebens; nie wird der *Bau* durch das *Spiel* in Gefahr gesetzt, nie die Vegetation durch die Freiheit beunruhigt. Da die tiefe Ruhe des Geistes keine beträchtliche Consumtion der Kräfte verursacht, so wird die Ausgabe nie die Einnahme übersteigen, vielmehr die thierische Oekonomie immer Ueberschuß haben. Für den schmalen Gehalt von Glückseligkeit, den *sie* ihm auswirft, macht der Geist den pünktlichen Hausverwalter der Natur, und sein ganzer Ruhm ist, ihr *Buch* in Ordnung zu halten. Geleistet wird also werden, was die Organisation immer leisten kann, und florieren wird das Geschäft der Ernährung und Zeugung. Ein so glückliches Einverständniß zwischen der Naturnothwendigkeit und der Freiheit kann der architektonischen Schönheit nicht anders als günstig sein, und hier ist es auch, wo sie in ihrer ganzen Reinheit kann beobachtet werden. Aber die allgemeinen Naturkräfte führen, wie man weiß, einen ewigen Krieg mit den besondern, oder den organischen, und die kunstreichste Technik wird endlich von der *Cohäsion* und *Schwerkraft* bezwungen. Daher hat auch die Schönheit des Baues, *als bloßes Naturprodukt*, ihre bestimmten Perioden der Blüthe, der Reife und des Verfalles, die das Spiel zwar beschleunigen, aber niemals verzögern kann; und ihr gewöhnliches Ende ist, daß die *Masse* allmählich über die *Form* Meister wird und der lebendige Bildungstrieb in dem *aufgespeicherten* Stoff sich sein eigenes Grab bereitet.

7

---

7 Daher man auch mehrentheils finden wird, daß solche Schönheiten des Baues sich schon im mittlern Alter durch Obesität sehr merklich vergröbern, daß, anstatt jener kaum angedeuteten zarten Lineamente der Haut, sich Gruben einsenken und wurstförmige Falten aufwerfen, daß das Gewicht unvermerkt auf die Form Einfluß bekömmt und das reizende mannigfache Spiel schöner Linien auf der Oberfläche sich in einem gleichförmig schwellenden Polster von Fette verliert. Die Natur nimmt wieder, was sie gegeben hat.
Ich bemerke beiläufig, daß etwas Aehnliches zuweilen mit dem Genie vorgeht, welches überhaupt in seinem Ursprunge, wie in seinen Wirkungen, mit der architektonischen Schönheit Vieles gemein hat. Wie diese, so ist auch jenes ein bloßes Naturerzeugniß; und nach der verkehrten Denkart der Menschen, die, was nach keiner Vorschrift nachzuahmen und durch kein Verdienst zu erringen

Ob indessen gleich kein *einzelner* stummer Zug Ausdruck des Geistes ist, so ist eine solche stumme Bildung doch *im Ganzen* charakteristisch; und zwar aus eben dem Grunde, warum eine sinnlich sprechende es ist. Der Geist nämlich soll thätig sein und soll moralisch empfinden, und also zeugt es von seiner Schuld, wenn seine Bildung davon keine Spuren aufweist. Wenn uns also gleich der reine und schöne Ausdruck seiner Bestimmung in der Architektur seiner Gestalt mit Wohlgefallen und mit Ehrfurcht gegen die höchste Vernunft, als ihre Ursache, erfüllt, so werden beide Empfindungen nur so lange ungemischt bleiben, als er uns bloße Naturerzeugung ist. Denken wir ihn uns aber als moralische Person, so sind wir berechtigt, einen Ausdruck derselben in seiner Gestalt zu erwarten, und schlägt diese Erwartung fehl, so wird Verachtung unausbleiblich erfolgen. Bloß organische Wesen sind uns ehrwürdig als *Geschöpfe*; der Mensch aber kann es uns nur als *Schöpfer* (d. i. als Selbsturheber seines Zustandes) sein. Er soll nicht bloß, wie die übrigen Sinnenwesen, die Strahlen fremder Vernunft zurückwerfen, wenn es gleich die göttliche wäre, sondern er soll, gleich einem Sonnenkörper, von seinem eigenen Lichte glänzen.

---

ist, gerade am höchsten schätzen, wird die Schönheit mehr als der Reiz, das Genie mehr als erworbene Kraft des Geistes bewundert. Beide Günstlinge der Natur werden bei allen ihren Unarten (wodurch sie nicht selten ein Gegenstand verdienter Verachtung sind) als ein gewisser Geburtsadel, als eine höhere Kaste betrachtet, weil ihre Vorzüge von Naturbedingungen abhängig sind und daher über alle Wahl hinaus liegen.
Aber wie es der architektonischen Schönheit ergeht, wenn sie nicht zeitig dafür Sorge trägt, sich an der Grazie eine Stütze und eine Stellvertreterin heranzuziehen, eben so ergeht es auch dem Genie, wenn es sich durch Grundsätze, Geschmack und Wissenschaft zu stärken verabsäumt. War seine ganze Ausstattung eine lebhafte und blühende Einbildungskraft (und die Natur kann nicht wohl andre als sinnliche Vorzüge ertheilen), so mag es bei Zeiten darauf denken, sich dieses zweideutigen Geschenks durch den einzigen Gebrauch zu versichern, wodurch Naturgaben Besitzungen des Geistes werden können: dadurch, meine ich, daß es der Materie Form ertheilt, denn der Geist kann nichts, als was Form ist, sein eigen nennen. Durch keine verhältnißmäßige Kraft der Vernunft beherrscht, wird die wild aufgeschossene, üppige Naturkraft über die Freiheit des Verstandes hinauswachsen und sie eben so ersticken, wie bei der architektonischen Schönheit die Masse endlich die Form unterdrückt.

Eine sprechende Bildung wird also von dem Menschen gefordert, sobald man sich seiner sittlichen Bestimmung bewußt wird; aber es muß zugleich eine Bildung sein, die zu seinem Vortheile spricht, d. i. die eine, seiner Bestimmung gemäße Empfindungsart, eine moralische Fertigkeit ausdrückt. Diese Anforderung macht die Vernunft an die Menschenbildung.

Der Mensch ist aber als Erscheinung zugleich Gegenstand des Sinnes. Wo das *moralische* Gefühl Befriedigung findet, da will das *ästhetische* nicht verkürzt sein, und die Uebereinstimmung mit einer Idee darf in der Erscheinung kein Opfer kosten. So streng also auch immer die Vernunft einen Ausdruck der Sittlichkeit fordert, so unnachläßlich fordert das Auge Schönheit. Da diese beiden Forderungen an dasselbe Objekt, obgleich von verschiedenen Instanzen der Beurteilung, ergehen, so muß auch durch eine und dieselbe Ursache für beider Befriedigung gesorgt sein. Diejenige Gemüthsverfassung des Menschen, wodurch er am fähigsten wird, seine Bestimmung als moralische Person zu erfüllen, muß einen solchen Ausdruck gestatten, der ihm auch, als bloßer Erscheinung, am vortheilhaftesten ist. Mit andern Worten: seine sittliche Fertigkeit muß sich durch Grazie offenbaren.

Hier ist es nun, wo die große Schwierigkeit eintritt. Schon aus dem Begriff moralisch sprechender Bewegungen ergibt sich, daß sie eine moralische Ursache haben müssen, die über die Sinnenwelt hinaus liegt; eben so ergibt sich aus dem Begriffe der Schönheit, daß sie keine andre als sinnliche Ursache habe und ein völlig freier Natureffekt sein oder doch so erscheinen müsse. Wenn aber der letzte Grund moralisch sprechender Bewegungen nothwendig *außerhalb*, der letzte Grund der Schönheit eben so nothwendig *innerhalb* der Sinnenwelt liegt, so scheint die *Grazie*, welche Beides verbinden soll, einen offenbaren Widerspruch zu enthalten.

Um ihn zu heben, wird man also annehmen müssen, »daß die moralische Ursache im Gemüthe, die der Grazie zum Grunde liegt, in der von ihr abhängenden Sinnlichkeit gerade denjenigen Zustand nothwendig hervorbringe, der die *Naturbedingungen* des Schönen in sich enthält.« Das Schöne setzt nämlich, wie sich von allem Sinnlichen versteht, gewisse Bedingungen und, insofern es das Schöne ist, auch bloß sinnliche Bedingungen voraus. Daß nun der Geist (nach einem Gesetz, das wir nicht ergründen können) durch den Zustand, worin er sich selbst befindet, der ihn begleitenden Natur den ihrigen vorschreibt, und daß der Zustand moralischer Fertigkeit in ihm gerade derjenige ist, durch den die sinnlichen Bedingungen des Schönen in Erfüllung gebracht werden, dadurch macht er das Schöne *möglich*, und das allein ist *seine* Handlung. Daß aber *wirklich* Schönheit daraus wird, das ist Folge jener sinnlichen Bedingungen, also freie *Naturwirkung*. Weil aber die Natur bei *willkürlichen* Bewegungen, wo sie als Mittel behandelt wird, um einen Zweck auszuführen, nicht wirklich frei heißen kann, und weil sie bei den *unwillkürlichen* Bewegungen, die das Moralische ausdrücken, wiederum nicht frei heißen kann, so ist die Freiheit, mit der sie sich in ihrer Abhängigkeit von dem Willen demungeachtet äußert, eine *Zulassung* von Seiten des Geistes. Man kann also sagen, daß die Grazie eine *Gunst* sei, die das Sittliche dem Sinnlichen erzeigt, so wie die architektonische Schönheit als die *Einwilligung* der Natur zu ihrer technischen Form kann betrachtet werden.

Mau erlaube mir, dies durch eine bildliche Vorstellung zu erläutern. Wenn ein monarchischer Staat auf eine solche Art verwaltet wird, daß, obgleich alles nach eines Einzigen Willen geht, der einzelne Bürger sich doch überreden kann, daß er nach seinem eigenen Sinne lebe und bloß seiner Neigung gehorche, so nennt man dies eine liberale Regierung. Man würde aber großes Bedenken tragen, ihr diesen Namen zu geben, wenn *entweder* der Regent seinen Willen gegen die Neigung des Bürgers, *oder* der Bürger seine Neigung gegen den Willen des Regenten behauptete; denn in dem ersten Fall wäre die Regierung nicht *liberal*, in dem zweiten wäre sie gar nicht *Regierung*.

Es ist nicht schwer, die Anwendung davon auf die menschliche Bildung unter dem Regiment des Geistes zu machen. Wenn sich der Geist in der von ihm abhängenden sinnlichen Natur auf eine solche Art äußert, daß sie seinen Willen aufs treueste ausrichtet und seine Empfindungen auf das sprechendste ausdrückt, ohne doch gegen die Anforderungen zu verstoßen, welche der Sinn an sie als an Erscheinungen macht, so wird dasjenige entstehen, was man Anmuth nennt. Man würde aber gleich weit entfernt sein, es Anmuth zu nennen, wenn entweder der Geist sich in der Sinnlichkeit durch Zwang offenbarte, oder wenn dem freien Effekt der Sinnlichkeit der

Ausdruck des Geistes fehlte. Denn in dem ersten Fall wäre keine Schönheit vorhanden, in dem zweiten wäre es keine Schönheit des Spiels.

Es ist also immer nur der übersinnliche Grund im Gemüthe, der die Grazie sprechend, und immer nur ein bloß sinnlicher Grund in der Natur, der sie schön macht. Es läßt sich eben so wenig sagen, daß der Geist die Schönheit *erzeuge*, als man, im angeführten Fall, von dem Herrscher sagen kann, daß er Freiheit *hervorbringe*; denn Freiheit kann man Einem zwar *lassen*, aber nicht *geben*.

So wie aber doch der Grund, warum ein Volk unter dem Zwang eines fremden Willens sich frei fühlt, größtenteils in der Gesinnung des Herrschers liegt und eine entgegengesetzte Denkart des letztern jener Freiheit nicht sehr günstig sein würde; eben so müssen wir auch die Schönheit der freien Bewegungen in der sittlichen Beschaffenheit des sie diktierenden Geistes aufsuchen. Und nun entsteht die Frage, was dies wohl für eine *persönliche Beschaffenheit* sein mag, die den sinnlichen Werkzeugen des Willens die größere Freiheit verstattet, und was für moralische Empfindungen sich am besten mit der Schönheit im Ausdruck vertragen?

So viel leuchtet ein, daß sich weder der Wille bei der absichtlichen, noch der Affekt bei der sympathetischen Bewegung gegen die von ihm abhängende Natur als eine *Gewalt* verhalten dürfe, wenn sie ihm mit Schönheit gehorchen soll. Schon das allgemeine Gefühl der Menschen macht die *Leichtigkeit* zum Hauptcharakter der Grazie, und was angestrengt wird, kann niemals Leichtigkeit zeigen. Eben so leuchtet ein, daß auf der andern Seite die Natur sich gegen den Geist nicht als Gewalt verhalten dürfe, wenn ein schöner moralischer Ausdruck statt haben soll; denn wo die bloße Natur *herrscht*, da muß die Menschheit verschwinden.

Es lassen sich in allem dreierlei Verhältnisse denken, in welchen der Mensch zu sich selbst, d. i. sein sinnlicher Theil zu seinem vernünftigen, stehen kann. Unter diesen haben wir dasjenige auszusuchen, welches ihn in der Erscheinung am besten kleidet und dessen Darstellung Schönheit ist.

Der Mensch unterdrückt entweder die Forderungen seiner sinnlichen Natur, um sich den höhern Forderungen seiner vernünftigen gemäß zu verhalten; oder er kehrt es um und ordnet den vernünftigen Theil seines Wesens dem sinnlichen unter und folgt also bloß dem Stoße, womit ihn die Naturnothwendigkeit gleich den andern Erscheinungen forttreibt; oder die Triebe des letztern setzen sich mit den Gesetzen des erstern in Harmonie, und der Mensch ist einig mit sich selbst.

Wenn sich der Mensch seiner reinen Selbständigkeit bewußt wird, so stößt er alles von sich, was sinnlich ist, und nur durch diese Absonderung von dem Stoffe gelangt er zum Gefühl seiner rationalen Freiheit. Dazu aber wird, weil die Sinnlichkeit hartnäckig und kraftvoll widersteht, von seiner Seite eine merkliche Gewalt und große Anstrengung erfordert, ohne welche es ihm unmöglich wäre, die Begierde von sich zu halten und den nachdrücklich sprechenden Instinkt zum Schweigen zu bringen. Der so gestimmte Geist läßt die von ihm abhängende Natur, sowohl da, wo sie im Dienst seines Willens handelt, als da, wo sie seinem Willen vorgreifen will, erfahren, daß er ihr Herr ist. Unter seiner strengen Zucht wird also die Sinnlichkeit unterdrückt erscheinen, und der innere Widerstand wird sich von außen durch Zwang verrathen. Eine solche Verfassung des Gemüths kann also der Schönheit nicht günstig sein, welche die Natur nicht anders als in ihrer Freiheit hervorbringt, und es wird daher auch nicht Grazie sein können, wodurch die mit dem Stoffe kämpfende moralische Freiheit sich kenntlich macht.

Wenn hingegen der Mensch, unterjocht vom Bedürfniß, den Naturtrieb ungebunden über sich herrschen läßt, so verschwindet mit seiner innern Selbständigkeit auch jede Spur derselben in seiner Gestalt. Nur die Thierheit redet aus dem schwimmenden ersterbenden Auge, aus dem lüstern geöffneten Munde, aus der erstickten bebenden Stimme, aus dem kurzen geschwinden Athem, aus dem Zittern der Glieder, aus dem ganzen erschlaffenden Bau. Nachgelassen hat aller Widerstand der moralischen Kraft, und die Natur in ihm ist in volle Freiheit gesetzt. Aber eben dieser gänzliche Nachlaß der Selbstthätigkeit, der im Moment des sinnlichen Verlangens und noch mehr im Genuß zu erfolgen pflegt, setzt augenblicklich auch die rohe Materie in Freiheit, die durch das Gleichgewicht der thätigen und leidenden Kräfte bisher gebunden war. Die todten Naturkräfte fangen an, über die lebendigen der Organisation die Oberhand zu bekommen, die Form von der Masse, die Menschheit von gemeiner Natur unterdrückt zu werden. Das seelestrahlende Auge wird matt, oder quillt auch *gläsern* und *stier* aus seiner Höhlung hervor, der feine Incarnat der Wangen verdickt sich zu einer groben und gleichförmigen Tüncherfarbe, der Mund wird zur bloßen Oeffnung, denn seine Form ist nicht mehr Folge der wirkenden, sondern der nachlassenden Kräfte, die Stimme und der seufzende Athem sind nichts als Hauche, wodurch die beschwerte Brust sich erleichtern will, und die nun bloß ein mechanisches Bedürfniß, keine Seele verrathen. Mit *einem* Worte: bei *der* Freiheit, welche die Sinnlichkeit *sich selbst nimmt*, ist an keine Schönheit zu denken. Die Freiheit der Formen, die der sittliche Wille bloß *eingeschränkt* hatte, *überwältigt* der grobe Stoff, welcher stets so viel Feld gewinnt, als dem Willen entrissen wird.

Ein Mensch in diesem Zustand empört nicht bloß den *moralischen* Sinn, der den Ausdruck der Menschheit unnachläßlich fordert; auch der *ästhetische* Sinn, der sich nicht mit dem bloßen Stoffe befriedigt, sondern in der Form ein freies Vergnügen sucht, wird sich mit Ekel von einem solchen Anblick abwenden, bei welchem nur die *Begierde* ihre Rechnung finden kann.

Das erste dieser Verhältnisse zwischen beiden Naturen im Menschen erinnert an eine *Monarchie*, wo die strenge Aufsicht des Herrschers jede freie Regung im Zaum hält; das zweite an eine wilde *Ochlokratie*, wo der Bürger durch Aufkündigung des Gehorsams gegen den rechtmäßigen Oberherrn so wenig frei, als die menschliche Bildung durch Unterdrückung der moralischen Selbstthätigkeit schön wird, vielmehr nur dem brutaleren Despotismus der untersten Klassen, wie hier die Form der Masse, anheimfällt. So wie die *Freiheit* zwischen dem gesetzlichen Druck und der Anarchie mitten inne liegt, so werden wir jetzt auch die *Schönheit* zwischen der *Würde*, als dem Ausdruck des herrschenden Geistes, und der *Wollust*, als dem Ausdruck des herrschenden Triebes, in der Mitte finden.

Wenn nämlich weder *die über die Sinnlichkeit herrschende Vernunft*, *noch die über die Vernunft herrschende Sinnlichkeit* sich mit Schönheit des Ausdrucks vertragen, so wird (denn es gibt keinen vierten Fall), so wird derjenige Zustand des Gemüths, wo *Vernunft und Sinnlichkeit* – Pflicht und Neigung *zusammenstimmen*, die Bedingung sein, unter der die Schönheit des Spiels erfolgt.

Um ein Objekt der Neigung werden zu können, muß der Gehorsam gegen die Vernunft einen Grund des Vergnügens abgeben, denn nur durch Lust und Schmerz wird der Trieb in Bewegung gesetzt. In der gewöhnlichen Erfahrung ist es zwar umgekehrt, und das Vergnügen ist der Grund, warum man vernünftig handelt. Daß die Moral selbst endlich aufgehört hat, diese Sprache zu reden, hat man dem unsterblichen Verfasser der Kritik zu verdanken, dem der Ruhm gebührt, die gesunde Vernunft aus der philosophierenden wieder hergestellt zu haben.

Aber so wie die Grundsätze dieses Weltweisen von ihm selbst und auch von Andern pflegen vorgestellt zu werden, so ist die Neigung eine sehr zweideutige Gefährtin des Sittengefühls, und das Vergnügen eine bedenkliche Zugabe zu moralischen Bestimmungen. Wenn der Glückseligkeitstrieb auch keine blinde Herrschaft über den Menschen behauptet, so wird er doch bei dem sittlichen Wahlgeschäfte gerne *mitsprechen* wollen und so der Reinheit des Willens schaden, der immer nur dem *Gesetze* und nie dem *Triebe* folgen soll. Um also völlig sicher zu sein, daß die Neigung nicht *mit*bestimmte, sieht man sie lieber im Krieg, als im Einverständniß mit dem Vernunftgesetze, weil es gar zu leicht sein kann, daß ihre Fürsprache allein ihm seine Macht über den Willen verschaffte. Denn da es beim Sittlichhandeln nicht auf die *Gesetzmäßigkeit* der Thaten, sondern einzig nur auf die *Pflichtmäßigkeit* der Gesinnungen ankommt, so legt man mit Recht keinen Werth auf die Betrachtung, daß es für die erste gewöhnlich vorteilhafter sei, wenn sich die Neigung auf Seiten der Pflicht befindet. Soviel scheint also wohl gewiß zu sein, daß der Beifall der Sinnlichkeit, wenn er die Pflichtmäßigkeit des Willens auch nicht verdächtig macht, doch wenigstens nicht im Stand ist, sie zu *verbürgen*. Der sinnliche Ausdruck dieses Beifalls in der Grazie wird also für die Sittlichkeit der Handlung, bei der er angetroffen wird, nie ein hinreichendes und gültiges Zeugniß ablegen, und aus dem schönen Vortrag einer Gesinnung oder Handlung wird man nie ihren moralischen Werth erfahren.

Bis hieher glaube ich mit den *Rigoristen* der Moral vollkommen einstimmig zu sein; aber ich hoffe dadurch noch nicht zum *Latitudinarier* zu werden, daß ich die Ansprüche der Sinnlichkeit, die im Felde der reinen Vernunft und bei der moralischen Gesetzgebung *völlig* zurückgewiesen sind, im Feld der Erscheinung und bei der wirklichen Ausübung der Sittenpflicht noch zu behaupten versuche.

So gewiß ich nämlich überzeugt bin – und eben darum, weil ich es bin – daß der Antheil der Neigung an einer freien Handlung für die reine Pflichtmäßigkeit dieser Handlung nichts beweist, so glaube ich *eben daraus* folgern zu können, daß die sittliche Vollkommenheit des Menschen gerade nur aus diesem Antheil seiner Neigung an seinem moralischen Handeln erhellen kann. Der Mensch nämlich ist nicht dazu bestimmt, einzelne sittliche Handlungen zu verrichten, sondern ein sittliches Wesen zu sein. Nicht *Tugenden*, sondern *die Tugend* ist seine Vorschrift, und Tugend ist nichts anders,»als eine Neigung zu der Pflicht.« Wie sehr also auch Handlungen aus Neigung, und Handlungen aus Pflicht in objektivem Sinne einander entgegenstehen, so ist dies doch in subjektivem Sinn nicht also, und der Mensch *darf* nicht nur, sondern *soll* Lust und Pflicht in Verbindung bringen; er soll seiner Vernunft mit Freuden gehorchen. Nicht um sie wie eine Last wegzuwerfen, oder wie eine grobe Hülle von sich abzustreifen, nein, um sie aufs innigste mit seinem höhern Selbst zu vereinbaren, ist seiner reinen Geisternatur eine sinnliche beigesellt. Dadurch schon, daß sie ihn zum vernünftig sinnlichen Wesen, d. i. zum Menschen machte, kündigte ihm die Natur die Verpflichtung an, nicht zu trennen, was sie verbunden hat, auch in den reinsten Aeußerungen seines göttlichen Theiles den sinnlichen nicht hinter sich zu lassen und den Triumph des einen nicht auf Unterdrückung des andern zu gründen. Erst alsdann, wenn sie *aus seiner gesammten Menschheit* als die vereinigte Wirkung beider Principien hervorquillt, *wenn sie ihm zur Natur geworden ist*, ist seine sittliche Denkart geborgen; denn so lange der sittliche Geist noch *Gewalt* anwendet, so muß der Naturtrieb ihm noch *Macht* entgegen zu setzen haben. Der bloß *niedergeworfene* Feind kann wieder aufstehen, aber der *versöhnte* ist wahrhaft überwunden.

In der Kantischen Moralphilosophie ist die Idee der *Pflicht* mit einer Härte vorgetragen, die alle Grazien davon zurückschreckt und einen schwachen Verstand leicht versuchen könnte, auf dem Wege einer finstern und mönchischen Ascetik die moralische Vollkommenheit zu suchen. Wie sehr sich auch der große Weltweise gegen diese Mißdeutung zu verwahren suchte, die seinem heitern und freien Geist unter allen gerade die empörendste sein muß, so hat er, däucht mir, doch selbst durch die strenge und grelle Entgegensetzung beider auf den Willen des Menschen wirkenden Principien einen starken (obgleich bei seiner Absicht vielleicht kaum zu vermeidenden) Anlaß dazu gegeben. Ueber die Sache selbst kann, nach den von ihm geführten Beweisen unter denkenden Köpfen, *die überzeugt sein wollen*, kein Streit mehr sein, und ich wüßte kaum, wie man nicht lieber sein ganzes Menschsein aufgeben, als über diese Angelegenheit ein anderes Resultat von der Vernunft erhalten wollte. Aber so rein er bei *Untersuchung* der Wahrheit zu Werke ging, und so sehr sich *hier* alles aus bloß objektiven Gründen erklärt, so scheint ihn doch in *Darstellung* der gefundenen Wahrheit eine mehr subjektive Maxime geleitet zu haben, die, wie ich glaube, aus den Zeitumständen nicht schwer zu erklären ist.

So wie er nämlich die Moral seiner Zeit, im Systeme und in der Ausübung, vor sich fand, so mußte ihn auf der einen Seite ein grober Materialismus in den moralischen Principien empören, den die unwürdige Gefälligkeit der Philosophen dem schlaffen Zeitcharakter zum Kopfkissen untergelegt hatte. Auf der andern Seite mußte ein nicht weniger bedenklicher *Perfektionsgrundsatz*, der, um eine abstrakte Idee von allgemeiner Weltvollkommenheit zu realisieren, über die Wahl der Mittel nicht sehr verlegen war, seine Aufmerksamkeit erregen. Er richtete also dahin, wo die Gefahr am meisten erklärt und die Reform am dringendsten war, die stärkste Kraft seiner Gründe und machte es sich zum Gesetze, die Sinnlichkeit sowohl da, wo sie mit frecher Stirne dem Sittengefühl Hohn spricht, als in der imposanten Hülle moralisch löblicher Zwecke, worein besonders ein gewisser enthusiastischer Ordensgeist sie zu verstecken weiß, ohne Nachsicht zu verfolgen. Er hatte nicht die *Unwissenheit* zu belehren, sondern die *Verkehrtheit* zurechtzuweisen. Erschütterung forderte die Kur, nicht Einschmeichelung und Ueberredung; und je härter der Abstich war, den der Grundsatz der Wahrheit mit den herrschenden Maximen machte, desto mehr konnte er hoffen, Nachdenken darüber zu erregen. Er ward der *Drako* seiner Zeit, weil sie ihm eines *Solons* noch nicht werth und empfänglich schien. Aus dem Sanctuarium der reinen Vernunft brachte er das fremde und doch wieder so bekannte Moralgesetz, stellte es in seiner ganzen Heiligkeit auf vor dem entwürdigten

Jahrhundert und fragte wenig darnach, ob es Augen gibt, die seinen Glanz nicht vertragen.

Womit aber hatten es die *Kinder des Hauses* verschuldet, daß er nur für die *Knechte* sorgte? Weil oft sehr unreine Neigungen den Namen der Tugend usurpieren, mußte darum auch der uneigennützige Affekt in der edelsten Brust verdächtig gemacht werden? Weil der moralische Weichling dem Gesetz der Vernunft gern eine *Laxität* geben möchte, die es zum Spielwerk seiner Convenienz macht, mußte ihm darum eine *Rigidität* beigelegt werden, die die kraftvollere Aeußerung moralischer Freiheit nur in eine rühmlichere Art von Knechtschaft verwandelt? Denn hat wohl der wahrhaft sittliche Mensch eine freiere Wahl zwischen Selbstachtung und Selbstverwerfung, als der Sinnensklave zwischen Vergnügen und Schmerz? Ist dort etwa weniger Zwang für den reinen Willen als hier für den verdorbenen? Mußte schon durch die *imperative* Form des Moralgesetzes die Menschheit angeklagt und erniedrigt werden und das erhabenste Dokument ihrer Größe zugleich die Urkunde ihrer Gebrechlichkeit sein? War es wohl bei dieser imperativen Form zu vermeiden, daß eine Vorschrift, die sich der Mensch als Vernunftwesen selbst gibt, die deßwegen allein für ihn bindend und dadurch allein mit seinem Freiheitsgefühle verträglich ist, nicht den Schein eines fremden und positiven Gesetzes annahm – einen Schein, der durch seinen *radikalen* Hang, demselben entgegen zu handeln (wie man ihm Schuld gibt), schwerlich vermindert werden dürfte![8]

Es ist für moralische Wahrheiten gewiß nicht vorteilhaft, Empfindungen *gegen* sich zu haben, die der Mensch ohne Erröthen sich gestehen darf. Wie sollen sich aber die Empfindungen der Schönheit und Freiheit mit dem austeren Geist eines Gesetzes vertragen, das ihn mehr durch *Furcht* als durch *Zuversicht* leitet, das ihn, den die Natur doch *vereinigte*, stets zu *vereinzeln* strebt, und nur dadurch, daß es ihm Mißtrauen gegen den einen Theil seines Wesens erweckt, sich der Herrschaft über den andern versichert? Die menschliche Natur ist ein verbundeneres Ganze in der Wirklichkeit, als es

---

[8] Siehe das Glaubensbekenntniß des V. d. K. von der menschlichen Natur in seiner neuesten Schrift: Die Offenbarung in den Grenzen der Vernunft. Erster Abschnitt.

dem Philosophen, der nur durch Trennen was vermag, erlaubt ist, sie erscheinen zu lassen. Nimmermehr kann die Vernunft Affekte als ihrer unwerth verwerfen, die das Herz mit Freudigkeit bekennt, und der Mensch da, wo er moralisch gesunken wäre, nicht wohl in seiner eigenen Achtung steigen. Wäre die sinnliche Natur im Sittlichen immer nur die unterdrückte und nie die *mitwirkende* Partei, wie könnte sie das ganze jener ihrer Gefühle zu einem Triumph hergeben, der über sie selbst gefeiert wird? Wie könnte sie eine so lebhafte Teilnehmerin an dem Selbstbewußtsein des reinen Geistes sein, wenn sie sich nicht endlich so innig an ihn anschließen könnte, daß selbst der analytische Verstand sie nicht ohne Gewaltthätigkeit mehr von ihm trennen kann?

Der Wille hat ohnehin einen unmittelbarern Zusammenhang mit dem Vermögen der Empfindungen als dem der Erkenntniß, und es wäre in manchen Fällen schlimm, wenn er sich bei der reinen Vernunft erst orientieren müßte. Es erweckt mir kein gutes Vorurtheil für einen Menschen, wenn er der Stimme des Triebes so wenig trauen darf, daß er gezwungen ist, ihn jedesmal erst vor dem Grundsatze der Moral abzuhören; vielmehr achtet man ihn hoch, wenn er sich demselben ohne Gefahr, durch ihn mißgeleitet zu werden, mit einer gewissen Sicherheit vertraut. Denn das beweist, daß beide Principien in ihm sich schon in derjenigen Uebereinstimmung befinden, welche das Siegel der vollendeten Menschheit und dasjenige ist, was man unter einer *schönen Seele* verstehet.

Eine schöne Seele nennt man es, wenn sich das sittliche Gefühl aller Empfindungen des Menschen endlich bis zu dem Grad versichert hat, daß es dem Affekt die Leitung des Willens ohne Scheu überlassen darf und nie Gefahr läuft, mit den Entscheidungen desselben im Widerspruch zu stehen. Daher sind bei einer schönen Seele die einzelnen Handlungen eigentlich nicht sittlich, sondern der ganze Charakter ist es. Man kann ihr auch keine einzige darunter zum Verdienst anrechnen, weil eine Befriedigung des Triebes nie verdienstlich heißen kann. Die schöne Seele hat kein andres Verdienst, als daß sie ist. Mit einer Leichtigkeit, als wenn bloß der Instinkt aus ihr handelte, übt sie der Menschheit peinlichste Pflichten aus, und das heldenmütigste Opfer, das sie dem Naturtriebe abgewinnt, fällt wie eine freiwillige Wirkung eben dieses Triebes in die Augen. Daher weiß sie selbst auch niemals um die Schönheit ihres

Handelns, und es fällt ihr nicht mehr ein, daß man anders handeln und empfinden könnte; dagegen ein schulgerechter Zögling der Sittenregel, so wie das Wort des Meisters ihn fordert, jeden Augenblick bereit sein wird, vom Verhältniß seiner Handlungen zum Gesetz die strengste Rechnung abzulegen. Das Leben des Letztern wird einer Zeichnung gleichen, worin man die Regel durch harte Striche angedeutet sieht, und an der allenfalls ein Lehrling die Principien der Kunst lernen könnte. Aber in einem schönen Leben sind, wie in einem Tizianischen Gemälde, alle jene schneidenden Grenzlinien verschwunden, und doch tritt die ganze Gestalt nur desto wahrer, lebendiger, harmonischer hervor.

In einer schönen Seele ist es also, wo Sinnlichkeit und Vernunft, Pflicht und Neigung harmonieren, und Grazie ist ihr Ausdruck in der Erscheinung. Nur im Dienst einer schönen Seele kann die Natur zugleich Freiheit besitzen und ihre Form bewahren, da sie erstere unter der Herrschaft eines strengen Gemüths, letztere unter der Anarchie der Sinnlichkeit einbüßt. Eine schöne Seele gießt auch über eine Bildung, der es an architektonischer Schönheit mangelt, eine unwiderstehliche Grazie aus, und oft sieht man sie selbst über Gebrechen der Natur triumphieren. Alle Bewegungen, die von ihr ausgehen, werden leicht, sanft und dennoch belebt sein. Heiter und frei wird das Auge strahlen, und Empfindung wird in demselben glänzen. Von der Sanftmuth des Herzens wird der Mund eine Grazie erhalten, die keine Verstellung erkünsteln kann. Keine Spannung wird in den Mienen, kein Zwang in den willkürlichen Bewegungen zu bemerken sein, denn die Seele weiß von keinem. Musik wird die Stimme sein und mit dem reinen Strom ihrer Modulationen das Herz bewegen. Die architektonische Schönheit kann Wohlgefallen, kann Bewunderung, kann Erstaunen erregen; aber nur die Anmuth wird hinreißen. Die Schönheit hat *Anbeter*; *Liebhaber* hat nur die Grazie; denn wir huldigen dem Schöpfer und lieben den Menschen.

Man wird, im Ganzen genommen, die Anmuth mehr bei dem *weiblichen* Geschlecht (die Schönheit vielleicht mehr bei dem männlichen) finden, wovon die Ursache nicht weit zu suchen ist. Zur Anmuth muß sowohl der körperliche Bau als der Charakter beitragen; jener durch seine Biegsamkeit, Eindrücke anzunehmen und ins Spiel gesetzt zu werden, dieser durch die sittliche Harmonie der

Gefühle. In beidem war die Natur dem Weibe günstiger als dem Manne.

Der zärtere weibliche Bau empfängt jeden Eindruck schneller und läßt ihn schneller wieder verschwinden. Feste Constitutionen kommen nur durch einen Sturm in Bewegung, und wenn starke Muskeln angezogen werden, so können sie die Leichtigkeit nicht zeigen, die zur Grazie erfordert wird. Was in einem weiblichen Gesicht noch schöne Empfindsamkeit ist, würde in einem männlichen schon Leiden ausdrücken. Die zarte Fiber des Weibes neigt sich wie dünnes Schilfrohr unter dem leisesten Hauch des Affekts. In leichten und lieblichen Wellen gleitet die Seele über das sprechende Angesicht, das sich bald wieder zu einem ruhigen Spiegel ebnet.

Auch der Beitrag, den die Seele zu der Grazie geben muß, kann bei dem Weibe leichter als bei dem Manne erfüllt werden. Selten wird sich der weibliche Charakter zu der höchsten Idee sittlicher Reinheit erheben und es selten weiter als zu *affektionierten* Handlungen bringen. Er wird der Sinnlichkeit oft mit heroischer Stärke, aber nur *durch* die Sinnlichkeit widerstehen. Weil nun die Sittlichkeit des Weibes gewöhnlich auf Seiten der Neigung ist, so wird es sich in der Erscheinung eben so ausnehmen, als wenn die Neigung auf Seiten der Sittlichkeit wäre. Anmuth wird also der Ausdruck der weiblichen Tugend sein, der sehr oft der männlichen fehlen dürfte.

Würde.

So wie die Anmuth der Ausdruck einer schönen Seele ist, so ist Würde der Ausdruck einer erhabenen Gesinnung.

Es ist dem Menschen zwar aufgegeben, eine innige Uebereinstimmung zwischen seinen beiden Naturen zu stiften, immer ein harmonierendes Ganze zu sein und mit seiner vollstimmigen ganzen Menschheit zu handeln. Aber diese Charakterschönheit, die reifste Frucht seiner Humanität, ist bloß eine Idee, welcher gemäß zu werden er mit anhaltender Wachsamkeit streben, aber die er bei aller Anstrengung nie ganz erreichen kann.

Der Grund, warum er es nicht kann, ist die unveränderliche Einrichtung seiner Natur; es sind die physischen Bedingungen seines Daseins selbst, die ihn daran verhindern.

Um nämlich seine Existenz in der Sinnenwelt, die von Naturbedingungen abhängt, sicher zu stellen, mußte der Mensch, da er als ein Wesen, das sich nach Willkür verändern kann, für seine Erhaltung selbst zu sorgen hat, zu Handlungen vermocht werden, wodurch jene physischen Bedingungen seines Daseins erfüllt und, wenn sie aufgehoben sind, wieder hergestellt werden können. Obgleich aber die Natur diese Sorge, die sie in ihren vegetabilischen Erzeugungen ganz allein über sich nimmt, ihm selbst übergeben mußte, so durfte doch die Befriedigung eines so dringenden Bedürfnisses, wo es sein und seines Geschlechts ganzes Dasein gilt, seiner ungewissen Einsicht nicht anvertraut werden. Sie zog also diese Angelegenheit, die *dem Inhalte nach* in ihr Gebiet gehört, auch *der Form nach* in dasselbe, indem sie in die Bestimmungen der Willkür Nothwendigkeit legte. So entstand der Naturtrieb, der nichts anders ist, als eine Naturnothwendigkeit durch das Medium der Empfindung.

Der Naturtrieb bestürmt das Empfindungsvermögen durch die gedoppelte Macht von Schmerz und Vergnügen; durch Schmerz, wo er Befriedigung fordert, durch Vergnügen, wo er sie findet.

Da einer Naturnothwendigkeit nichts abzudingen ist, so muß auch der Mensch, seiner Freiheit ungeachtet, empfinden, was die Natur ihn empfinden lassen will, und je nachdem die Empfindung

Schmerz oder Lust ist, so muß bei ihm eben so unabänderlich Verabscheuung oder Begierde erfolgen. In diesem Punkte steht er dem Thiere vollkommen gleich, und der starkmüthigste Stoiker fühlt den Hunger eben so empfindlich und verabscheut ihn eben so lebhaft, als der Wurm zu seinen Füßen.

Jetzt aber fängt der große Unterschied an. Auf die Begierde und Verabscheuung erfolgt bei dem Thiere eben so nothwendig Handlung, als Begierde auf Empfindung, und Empfindung auf den äußern Eindruck erfolgte. Es ist hier eine stetig fortlaufende Kette, wo jeder Ring nothwendig in den andern greift. Bei dem Menschen ist noch eine Instanz mehr, nämlich der *Wille*, der als ein übersinnliches Vermögen weder dem Gesetz der Natur, noch dem der Vernunft so unterworfen ist, daß ihm nicht vollkommen freie Wahl bliebe, sich entweder nach diesem oder nach jenem zu richten. Das Thier muß streben, den Schmerz los zu sein; der Mensch kann sich entschließen, ihn zu behalten.

Der Wille des Menschen ist ein erhabener Begriff, auch dann, wenn man auf seinen moralischen Gebrauch nicht achtet. Schon der *bloße* Wille erhebt den Menschen über die Thierheit; der *moralische* erhebt ihn zur Gottheit. Er muß aber jene zuvor verlassen haben, ehe er sich dieser nähern kann; daher ist es kein geringer Schritt zur moralischen Freiheit des Willens, durch Brechung der Naturnothwendigkeit in sich, auch in gleichgültigen Dingen, den *bloßen* Willen zu üben.

Die Gesetzgebung der Natur hat Bestand bis zum Willen, wo sie sich endigt und die vernünftige anfängt. Der Wille steht hier zwischen beiden Gerichtsbarkeiten, und es kommt ganz auf ihn selbst an, von welcher er das Gesetz empfangen will; aber er steht nicht in gleichem Verhältniß gegen beide. Als Naturkraft ist er gegen die eine, wie gegen die andere, frei; das heißt, er *muß* sich weder zu dieser noch zu jener schlagen. Er ist aber nicht frei als moralische Kraft, das heißt, er *soll* sich zu der vernünftigen schlagen. *Gebunden* ist er an keine, aber *verbunden* ist er dem Gesetz der Vernunft. Er gebraucht also seine Freiheit wirklich, wenn er gleich der Vernunft widersprechend handelt; aber er gebraucht sie *unwürdig*, weil er ungeachtet seiner Freiheit doch nur *innerhalb der Natur* stehenbleibt und zu der Operation des bloßen Triebes gar keine Realität hinzuthut; denn aus *Begierde wollen* heißt nur umständlicher begehren.[9]

Die Gesetzgebung der Natur durch den Trieb kann mit der Gesetzgebung der Vernunft aus Principien in Streit gerathen, wenn der Trieb zu seiner Befriedigung eine Handlung fordert, die dem moralischen Grundsatz zuwiderläuft. In diesem Fall ist es unwandelbare Pflicht für den Willen, die Forderung der Natur dem Ausspruch der Vernunft nachzusetzen, da Naturgesetze nur bedingungsweise, Vernunftgesetze aber schlechterdings und unbedingt verbinden.

Aber die Natur behauptet mit Nachdruck ihre Rechte, und da sie niemals willkürlich fordert, so nimmt sie, unbefriedigt, auch keine Forderung zurück. Weil von der ersten Ursache an, wodurch sie in Bewegung gebracht wird, bis zu dem Willen, wo ihre Gesetzgebung aufhört, alles in ihr streng nothwendig ist, so kann sie *rückwärts* nicht nachgeben, sondern muß *vorwärts* gegen den Willen drängen, bei dem die Befriedigung ihres Bedürfnisses steht. Zuweilen scheint es zwar, als ob sie sich ihren Weg verkürzte und, ohne zuvor ihr Gesuch vor den Willen zu bringen, unmittelbare Causalität für die Handlung hätte, durch die ihrem Bedürfnisse abgeholfen wird. In einem solchen Falle, wo der Mensch dem Triebe nicht bloß freien Lauf *ließe*, sondern wo der Trieb diesen Lauf selbst *nähme*, würde der Mensch auch *nur* Thier sein; aber es ist sehr zu zweifeln, ob dieses jemals sein Fall sein kann, und wenn er es wirklich wäre, ob diese blinde Macht seines Triebes nicht ein Verbrechen seines Willens ist.

Das Begehrungsvermögen dringt also auf Befriedigung, und der Wille wird angefordert, ihm diese zu verschaffen. Aber der Wille soll seine Bestimmungsgründe von der Vernunft empfangen und nur nach demjenigen, was diese erlaubt oder vorschreibt, seine Entschließung fassen. Wendet sich nun der Wille wirklich an die Vernunft, ehe er das Verlangen des Triebes genehmigt, so handelt er sittlich; entscheidet er aber unmittelbar, so handelt er sinnlich.[10]

---

[9] Man lese über diese Materie die aller Aufmerksamkeit würdige Theorie des Willens im zweiten Theil der Reinholdischen Briefe.

[10] Man darf aber diese Anfrage des Willens bei der Vernunft nicht mit derjenigen verwechseln, wo sie über die Mittel zu Befriedigung einer Begierde erken-

So oft also die Natur eine Forderung macht und den Willen durch die blinde Gewalt des Affekts überraschen will, kommt es diesem zu, ihr so lange Stillstand zu gebieten, bis die Vernunft gesprochen hat. Ob der Ausspruch der Vernunft *für* oder *gegen* das Interesse der Sinnlichkeit ausfallen werde, das ist, was er jetzt noch nicht wissen kann; eben deßwegen aber muß er dieses Verfahren in jedem Affekt ohne Unterschied beobachten und der Natur in jedem Falle, wo sie der *anfangende* Theil ist, die unmittelbare Causalität versagen. Dadurch allein, daß er die Gewalt der Begierde bricht, die mit Vorschnelligkeit ihrer Befriedigung zueilt, und die Instanz des Willens lieber ganz vorbeigehen möchte, zeigt der Mensch seine Selbständigkeit und beweist sich als ein moralisches Wesen, welches nie bloß begehren oder bloß verabscheuen, sondern seine Verabscheuung und Begierde jederzeit *wollen* muß.

Aber schon die bloße Anfrage bei der Vernunft ist eine Beeinträchtigung der Natur, die in ihrer eigenen Sache competente Richterin ist und ihre Aussprüche keiner neuen und auswärtigen Instanz unterworfen sehen will. Jener Willensakt, der die Angelegenheit des Begehrungsvermögens vor das sittliche Forum bringt, ist also im eigentlichen Sinn *naturwidrig*, weil er das Nothwendige wieder zufällig macht und Gesetzen der Vernunft die Entscheidung in einer Sache anheimstellt, wo nur Gesetze der Natur sprechen können und auch wirklich gesprochen haben. Denn so wenig die reine Vernunft in ihrer moralischen Gesetzgebung darauf Rücksicht nimmt, wie der Sinn wohl ihre Entscheidungen aufnehmen möchte, eben so wenig richtet sich die Natur in ihrer Gesetzgebung darnach, wie sie es einer reinen Vernunft recht machen möchte. In jeder von beiden gilt eine andre Nothwendigkeit, die aber keine sein würde, wenn es der einen erlaubt wäre, willkürliche Veränderungen in der andern zu treffen. Daher kann auch der tapferste Geist bei allem Widerstande, den er gegen die Sinnlichkeit ausübt, nicht die Empfindung selbst, nicht die Begierde selbst unterdrücken, sondern ihr bloß den Einfluß auf seine Willensbestimmungen verweigern; *entwaffnen* kann er den Trieb durch moralische Mittel, aber nur durch natürliche ihn *besänftigen*. Er kann durch seine selbständige Kraft

---

nen soll. Hier ist nicht davon die Rede, wie die Befriedigung zu erlangen, sondern ob sie zu gestatten ist. Nur das Letzte gehört ins Gebiet der Moralität, das Erste gehört zur Klugheit.

zwar verhindern, daß Naturgesetze für seinen Willen nicht zwingend werden, aber an diesen Gesetzen selbst kann er schlechterdings nichts verändern.

In Affekten also, »wo die Natur (der Trieb) *zuerst* handelt und den Willen entweder ganz zu *umgehen* oder ihn *gewaltsam* auf ihre Seite zu ziehen strebt, kann sich die Sittlichkeit des Charakters nicht anders als durch *Widerstand* offenbaren und, daß der Trieb die Freiheit des Willens nicht einschränke, nur durch Einschränkung des Triebes verhindern.« Uebereinstimmung mit dem Vernunftgesetz ist also im Affekte nicht anders möglich, als durch einen Widerspruch mit den Forderungen der Natur. Und da die Natur ihre Forderungen aus sittlichen Gründen nie zurücknimmt, folglich auf ihrer Seite alles sich gleich bleibt, wie auch der Wille sich in Ansehung ihrer verhalten mag, so ist hier keine Zusammenstimmung zwischen Neigung und Pflicht, zwischen Vernunft und Sinnlichkeit möglich, so kann der Mensch hier nicht mit seiner ganzen harmonierenden Natur, sondern ausschließungsweise nur mit seiner vernünftigen handeln. Er handelt also in diesen Fällen auch nicht *moralisch schön*, weil an der Schönheit der Handlung auch die Neigung nothwendig Theil nehmen muß, die hier vielmehr widerstreitet. Er handelt aber *moralisch groß*, weil alles das, und das allein groß ist, was von einer Ueberlegenheit des höhern Vermögens über das sinnliche Zeugniß gibt.

Die *schöne* Seele muß sich also im Affekt in eine *erhabene* verwandeln, und das ist der untrügliche Probierstein, wodurch man sie von dem *guten Herzen* oder der *Temperamentstugend* unterscheiden kann. Ist bei einem Menschen die Neigung nur darum auf Seiten der Gerechtigkeit, weil die Gerechtigkeit sich glücklicher Weise auf Seiten der Neigung befindet, so wird der Naturtrieb im Affekt eine vollkommene Zwangsgewalt über den Willen ausüben, und wo ein Opfer nöthig ist, so wird es die Sittlichkeit und nicht die Sinnlichkeit bringen. War es hingegen die Vernunft selbst, die, wie bei einem schönen Charakter der Fall ist, die Neigungen *in Pflicht nahm* und der Sinnlichkeit das Steuer nur *anvertraute*, so wird sie es in demselben Moment zurücknehmen, als der Trieb seine Vollmacht mißbrauchen will. Die Temperamentstugend sinkt also im Affekt zum bloßen Naturprodukt herab; die schöne Seele geht ins Heroische über und erhebt sich zur reinen Intelligenz.

Beherrschung der Triebe durch die moralische Kraft ist *Geistesfreiheit*, und *Würde* heißt ihr Ausdruck in der Erscheinung.

Streng genommen ist die moralische Kraft im Menschen keiner Darstellung fähig, da das Uebersinnliche nie versinnlicht werden kann. Aber mittelbar kann sie durch sinnliche Zeichen dem Verstande vorgestellt werden, wie bei der Würde der menschlichen Bildung wirklich der Fall ist.

Der aufgeregte Naturtrieb wird eben so, wie das Herz in seinen moralischen Rührungen, von Bewegungen im Körper begleitet, die theils dem Willen zuvoreilen, theils, als bloß sympathetische, seiner Herrschaft gar nicht unterworfen sind. Denn da weder Empfindung, noch Begierde und Verabscheuung in der Willkür des Menschen liegen, so kann er denjenigen Bewegungen, welche damit unmittelbar zusammenhängen, nicht zu gebieten haben. Aber der Trieb bleibt nicht bei der bloßen Begierde stehen; vorschnell und dringend strebt er, sein Objekt zu verwirklichen, und wird, wenn ihm von dem selbständigen Geiste nicht nachdrücklich widerstanden wird, selbst solche Handlungen *anticipiren*, worüber der Wille allein zu sagen haben soll. Denn der Erhaltungstrieb ringt ohne Unterlaß nach der gesetzgebenden Gewalt im Gebiete des Willens, und sein Bestreben ist, ebenso ungebunden über den Menschen wie über das Thier zu schalten.

Man findet also Bewegungen von zweierlei Art und Ursprung in jedem Affekte, den der Erhaltungstrieb in dem Menschen entzündet: erstlich solche, welche unmittelbar von der Empfindung ausgehen und daher ganz unwillkürlich sind; zweitens solche, welche der Art nach willkürlich sein sollten und könnten, die aber der blinde Naturtrieb der Freiheit abgewinnt. Die ersten beziehen sich auf den Affekt selbst und sind daher nothwendig mit demselben verbunden; die zweiten entsprechen mehr der Ursache und dem Gegenstande des Affekts, daher sie auch zufällig und veränderlich sind und nicht für untrügliche Zeichen desselben gelten können. Weil aber beide, sobald das Objekt bestimmt ist, dem Naturtriebe gleich nothwendig sind, so gehören auch beide dazu, um den Ausdruck des Affekts zu einem vollständigen und übereinstimmenden Ganzen zu machen.[11]

Wenn nun der Wille Selbständigkeit genug besitzt, dem vorgreifenden Naturtriebe Schranken zu setzen und gegen die ungestüme Macht desselben seine Gerechtsame zu behaupten, so bleiben zwar alle jene Erscheinungen in Kraft, die der aufgeregte Naturtrieb in seinem eigenen Gebiet bewirkte, aber alle diejenigen werden fehlen, die er in einer fremden Gerichtsbarkeit eigenmächtig hatte an sich reißen wollen. Die Erscheinungen stimmen also nicht mehr überein, aber eben in ihrem Widerspruch liegt der Ausdruck der moralischen Kraft.

Gesetzt, wir erblicken an einem Menschen Zeichen des qualvollsten Affekts aus der Klasse jener ersten ganz unwillkürlichen Bewegungen. Aber indem seine Adern auflaufen, seine Muskel krampfhaft angespannt werden, seine Stimme erstickt, seine Brust emporgetrieben, sein Unterleib einwärts gepreßt ist, sind seine willkürlichen Bewegungen sanft, seine Gesichtszüge frei, und es ist heiter um Aug und Stirne. Wäre der Mensch bloß ein Sinnenwesen, so würden alle seine Züge, da sie dieselbe gemeinschaftliche Quelle hätten, mit einander übereinstimmend sein und also in dem gegenwärtigen Fall alle ohne Unterschied Leiden ausdrücken müssen. Da aber Züge der Ruhe unter die Züge des Schmerzens gemischt sind, einerlei Ursache aber nicht entgegengesetzte Wirkungen haben kann, so beweist dieser Widerspruch der Züge das Dasein und den Einfluß einer Kraft, die von dem Leiden unabhängig und den Eindrücken überlegen ist, unter denen wir das Sinnliche erliegen sehen. Und auf diese Art nun wird die *Ruhe im Leiden*, als worin die Würde eigentlich besteht, obgleich nur mittelbar durch einen Vernunft-

---

[11] Findet man nur die Bewegungen der zweiten Art ohne die der erstern, so zeigt dieses an, daß die Person den Affekt will und die Natur ihn verweigert. Findet man die Bewegungen der erstern Art ohne die der zweiten, so beweist dies, daß die Natur in den Affekt wirklich versetzt ist, aber die Person ihn verbietet. Den ersten Fall sieht man alle Tage bei affektierten Personen und schlechten Komödianten, den zweiten Fall desto seltener und nur bei starken Gemüthern.

schluß, Darstellung der Intelligenz im Menschen und Ausdruck seiner moralischen Freiheit.[12]

Aber nicht bloß beim Leiden im engern Sinn, wo dieses Wort nur schmerzhafte Rührungen bedeutet, sondern überhaupt bei jedem starken Interesse des Begehrungsvermögens muß der Geist seine Freiheit beweisen, also Würde der Ausdruck sein. Der angenehme Affekt erfordert sie nicht weniger als der peinliche, weil die Natur in beiden Fällen gern den Meister spielen möchte und von dem Willen gezügelt werden soll. Die Würde bezieht sich auf die *Form* und nicht auf den des Affekts; daher es geschehen kann, daß oft, dem Inhalt nach, lobenswürdige Affekte, wenn der Mensch sich ihnen blindlings überläßt, auf Mangel der Würde, ins Gemeine und Niedrige fallen; daß hingegen nicht selten verwerfliche Affekte sich sogar dem Erhabenen nähern, sobald sie nur in ihrer Form Herrschaft des Geistes über seine Empfindungen zeigen.

Bei der Würde also führt sich der Geist in dem Körper als *Herrscher* auf, denn hier hat er seine Selbständigkeit gegen den gebieterischen Trieb zu behaupten, der ohne ihn zu Handlungen schreitet und sich seinem Joch gern entziehen möchte. Bei der Anmuth hingegen regiert er mit *Liberalität*, weil *er* es hier ist, der die Natur in Handlung setzt und keinen Widerstand zu besiegen findet. Nachsicht verdient aber nur der Gehorsam, und Strenge kann nur die *Widersetzung* rechtfertigen.

Anmuth liegt also in der *Freiheit der willkürlichen Bewegungen;* Würde in der *Beherrschung der unwillkürlichen.* Die Anmuth läßt der Natur, da wo sie die Befehle des Geistes ausrichtet, einen Schein von Freiwilligkeit; die Würde hingegen unterwirft sie da, wo sie herrschen will, dem Geist. Ueberall, wo der Trieb anfängt zu handeln und sich herausnimmt, in das Amt des Willens zu greifen, da darf der Wille keine *Indulgenz*, sondern muß durch den nachdrücklichsten Widerstand seine Selbständigkeit (Autonomie) beweisen. Wo hingegen der Wille *anfängt* und die Sinnlichkeit ihm *folgt*, da darf er keine Strenge, sondern muß Indulgenz beweisen. Dies ist mit wenigen Worten das Gesetz für das Verhältniß beider Naturen im Menschen, so wie es in der Erscheinung sich darstellt.

---

[12] In einer Untersuchung über pathetische Darstellungen ist im dritten Stück der Thalia umständlicher davon gehandelt worden.

Würde wird daher mehr im *Leiden* (παθος), Anmuth mehr im *Betragen* (ηθος) gefordert und gezeigt; denn nur im Leiden kann sich die Freiheit des Gemüths, und nur im Handeln die Freiheit des Körpers offenbaren.

Da die Würde ein Ausdruck des Widerstandes ist, den der selbständige Geist dem Naturtriebe leistet, dieser also als eine Gewalt muß angesehen werden, welche Widerstand nöthig macht, so ist sie da, wo keine solche Gewalt zu bekämpfen ist, lächerlich, und wo keine mehr zu bekämpfen sein *sollte*, verächtlich. Man lacht über den Komödianten (weß Standes und Würden er auch sei), der auch bei gleichgültigen Verrichtungen eine gewisse Dignität affektiert. Man verachtet die kleine Seele, die sich für die Ausübung einer gemeinen Pflicht, die oft nur Unterlassung einer Niederträchtigkeit ist, mit Würde bezahlt macht.

Ueberhaupt ist es nicht eigentlich Würde, sondern Anmuth, was man von der Tugend fordert. Die Würde gibt sich bei der Tugend von selbst, die schon ihrem Inhalt nach Herrschaft des Menschen über seine Triebe voraussetzt. Weit eher wird sich bei Ausübung sittlicher Pflichten die Sinnlichkeit in einem Zustand des Zwangs und der Unterdrückung befinden, da besonders, wo sie ein schmerzhaftes Opfer bringt. Da aber das Ideal vollkommener Menschheit keinen Widerstreit, sondern Zusammenstimmung zwischen dem Sittlichen und Sinnlichen fordert, so verträgt es sich nicht wohl mit der Würde, die, als ein Ausdruck jenes Widerstreits zwischen beiden, entweder die besondern Schranken des Subjekts oder die allgemeinen der Menschheit sichtbar macht.

Ist das Erste, und liegt es bloß an dem Unvermögen des Subjekts, daß bei einer Handlung Neigung und Pflicht nicht zusammenstimmen, so wird diese Handlung jederzeit so viel an sittlicher Schätzung verlieren, als sich Kampf in ihre Ausübung, also Würde in ihren Vortrag mischt. Denn unser moralisches Urtheil bringt jedes Individuum unter den Maßstab der Gattung, und dem Menschen werden keine andre als die Schranken der Menschheit vergeben.

Ist aber das Zweite, und kann eine Handlung der Pflicht mit den Forderungen der Natur nicht in Harmonie gebracht werden, ohne den Begriff der menschlichen Natur aufzuheben, so ist der Widerstand der Neigung nothwendig, und es ist bloß der Anblick des

Kampfes, der uns von der Möglichkeit des Sieges überführen kann. Wir erwarten hier also einen Ausdruck des Widerstreits in der Erscheinung und werden uns nie überreden lassen, da an eine Tugend zu glauben, wo wir nicht einmal Menschheit sehen. Wo also die sittliche Pflicht eine Handlung gebietet, die das Sinnliche nothwendig leiden macht, da ist Ernst und kein Spiel, da würde uns die Leichtigkeit in der Ausübung vielmehr empören, als befriedigen; da kann also nicht Anmuth, sondern Würde der Ausdruck sein. Ueberhaupt gilt hier das Gesetz, daß der Mensch alles mit Anmuth thun müsse, was er innerhalb seiner Menschheit verrichten kann, und alles mit Würde, welches zu verrichten er über seine Menschheit hinausgehen muß.

So wie wir Anmuth von der Tugend fordern, so fordern wir Würde von der Neigung. Der Neigung ist die Anmuth so natürlich, als der Tugend die Würde, da sie schon ihrem Inhalt nach sinnlich, der Naturfreiheit günstig und aller Anspannung feind ist. Auch dem rohen Menschen fehlt es nicht an einem gewissen Grade von Anmuth, wenn ihn die Liebe oder ein ähnlicher Affekt beseelt; und wo findet man mehr Anmuth, als bei Kindern, die doch ganz unter sinnlicher Leitung stehen? Weit mehr Gefahr ist da, daß die Neigung den Zustand des Leidens endlich zum herrschenden mache, die Selbstthätigkeit des Geistes ersticke und eine allgemeine Erschlaffung herbeiführe. Um sich also bei einem edeln Gefühl in Achtung zu setzen, die ihr nur allein ein *sittlicher* Ursprung verschaffen kann, muß die Neigung sich jederzeit mit Würde verbinden. Daher fordert der Liebende Würde von dem Gegenstand seiner Leidenschaft. Würde allein ist ihm Bürge, daß nicht *das Bedürfniß zu ihm nöthigte*, sondern daß *die Freiheit ihn wählte* – daß man ihn nicht *als Sache begehrt*, sondern *als Person hochschätzt*.

Man fordert Anmuth von Dem, der verpflichtet, und Würde von Dem, der verpflichtet wird. Der Erste soll, um sich eines kränkenden Vortheils über den Andern zu begeben, die Handlung seines uninteressierten Entschlusses durch den Antheil, den er die Neigung daran nehmen läßt, zu einer *affektionierten* Handlung heruntersetzen und sich dadurch den Schein des gewinnenden Theiles geben. Der Andre soll, um durch die Abhängigkeit, in die er tritt, die Menschheit (deren heiliges Palladium Freiheit ist) nicht in seiner Person zu entehren, das bloße *Zufahren* des Triebes zu einer Handlung seines Willens erheben und auf diese Art, indem er eine Gunst empfängt, eine erzeigen. Man muß einen Fehler mit Anmuth rügen und mit Würde bekennen. Kehrt man es um, so wird es das Ansehen haben, als ob der eine Theil seinen Vortheil zu sehr, der andre seinen Nachtheil zu wenig empfände.

Will der Starke geliebt sein, so mag er seine Ueberlegenheit durch Grazie mildern. Will der Schwache geachtet sein, so mag er seiner Ohnmacht durch Würde aufhelfen. Man ist sonst der Meinung, daß auf den Thron Würde gehöre, und bekanntlich lieben Die, welche darauf sitzen, in ihren Räthen, Beichtvätern und Parlamenten – die Anmuth. Aber was in einem politischen Reiche gut und löblich sein mag, ist es nicht immer in einem Reiche des Geschmacks. In dieses Reich tritt auch der König – sobald er von seinem Throne herabsteigt (denn Throne haben ihre Privilegien), und auch der kriechende Höfling begibt sich unter seine heilige Freiheit, sobald er sich zum Menschen aufrichtet. Alsdann aber möchte Ersterm zu rathen sein, mit dem Ueberfluß des Andern seinen Mangel zu ersetzen und ihm so viel an Würde abzugeben, als er selbst an Grazie nöthig hat.

Da Würde und Anmuth ihre verschiedenen Gebiete haben, worin sie sich äußern, so schließen sie einander in derselben Person, ja in demselben Zustand einer Person nicht aus; vielmehr ist es nur die Anmuth, von der die Würde ihre Beglaubigung, und nur die Würde, von der die Anmuth ihren Werth empfängt.

Würde allein beweist zwar überall, wo wir sie antreffen, eine gewisse Einschränkung der Begierden und Neigungen. Ob es aber nicht vielmehr Stumpfheit des Empfindungsvermögens (Härte) sei, was wir für Beherrschung halten, und ob es wirklich moralische Selbstthätigkeit und nicht vielmehr Uebergewicht eines andern Affektes, also absichtliche Anspannung sei, was den Ausbruch des gegenwärtigen im Zaume hält, das kann nur die damit verbundene Anmuth außer Zweifel setzen. Die Anmuth nämlich zeugt von einem ruhigen, in sich harmonischen Gemüth und von einem empfindenden Herzen.

Eben so beweist auch die Anmuth schon für sich allein eine Empfänglichkeit des Gefühlvermögens und eine Uebereinstimmung der Empfindungen. Daß es aber nicht Schlaffheit des Geistes sei, was dem Sinn so viel Freiheit läßt und das Herz jedem Eindruck öffnet, und daß es das Sittliche sei, was die Empfindungen in diese Uebereinstimmung brachte, das kann uns wiederum nur die damit verbundene Würde verbürgen. In der Würde nämlich legitimiert sich das Subjekt als eine selbständige Kraft; und indem der Wille die *Licenz* der unwillkürlichen Bewegungen *bändigt*, gibt er zu erkennen, daß er die *Freiheit* der willkürlichen bloß *zuläßt*.

Sind Anmuth und Würde, jene noch durch architektonische Schönheit, diese durch Kraft unterstützt, in derselben Person *vereinigt*, so ist der Ausdruck der Menschheit in ihr vollendet, und sie steht da, gerechtfertigt in der Geisterwelt und freigesprochen in der Erscheinung. Beide Gesetzgebungen berühren einander hier so nahe, daß ihre Grenzen zusammenfließen. Mit gemildertem Glanze steigt in dem Lächeln des Mundes, in dem sanftbelebten Blick, in der heitern Stirne die *Vernunftfreiheit* auf, und mit erhabenem Abschied geht die *Naturnothwendigkeit* in der edeln Majestät des Angesichts unter. Nach diesem Ideal menschlicher Schönheit sind die Antiken gebildet, und man erkennt es in der göttlichen Gestalt einer Niobe, im Belvederischen Apoll, in dem Borghesischen geflügelten Genius und in der Muse des Barberinischen Palastes.

13

---

13 Mit dem feinen und großen Sinn, der ihm eigen ist, hat Winckelmann (Geschichte der Kunst. Erster Theil. S. 480 folg. Wiener Ausgabe) diese hohe Schönheit, welche aus der Verbindung der Grazie mit der Würde hervorgeht, ausgesagt und beschrieben. Aber was er vereinigt fand, nahm und gab er auch nur für Eines, und er blieb bei dem stehen, was der bloße Sinn ihn lehrte, ohne zu untersuchen, ob es nicht vielleicht noch zu scheiden sei. Er verwirrt den Begriff der Grazie, da er Züge, die offenbar nur der Würde zukommen, in diesen Begriff mit aufnimmt. Grazie und Würde sind aber wesentlich verschieden, und man thut unrecht, das zu einer Eigenschaft der Grazie zu machen, was vielmehr eine Einschränkung derselben ist. Was Winckelmann die hohe himmlische Grazie nennt, ist nichts anders, als Schönheit und Grazie mit überwiegender Würde. »Die himmlische Grazie,« sagt er, »scheint sich allgenügsam und bietet sich nicht an, sondern will gesucht werden; sie ist zu erhaben, um sich sehr sinnlich zumachen. Sie verschließt in sich die Bewegungen der Seele und nähert sich der seligen Stille der göttlichen Natur. – Durch sie,« sagt er an einem andern Ort, »wagte sich der Künstler der Niobe in das Reich unkörperlicher Ideen und erreichte das Geheimniß, die Todesangst mit der höchsten Schönheit zu verbinden« (es würde schwer sein, hierin einen Sinn zu finden, wenn es nicht augenscheinlich wäre, daß hier nur die Würde gemeint ist), »er wurde ein Schöpfer reiner Geis-

Wo sich Grazie und Würde vereinigen, da werden wir abwechselnd angezogen und zurückgestoßen; angezogen als Geister, zurückgestoßen als sinnliche Naturen.

In der Würde nämlich wird uns ein Beispiel der Unterordnung des Sinnlichen unter das Sittliche vorgehalten, welchem nachzuahmen für uns Gesetz, zugleich aber für unser physisches Vermögen übersteigend ist. Der Widerstreit zwischen dem Bedürfniß der Natur und der Forderung des Gesetzes, deren Gültigkeit wir doch eingestehen, spannt die Sinnlichkeit an und erweckt das Gefühl, welches *Achtung* genannt wird und von der Würde unzertrennlich ist.

In der Anmuth hingegen, wie in der Schönheit überhaupt, sieht die Vernunft ihre Forderung in der Sinnlichkeit erfüllt, und überraschend tritt ihr eine ihrer Ideen in der Erscheinung entgegen. Diese unerwartete Zusammenstimmung des Zufälligen der Natur mit dem Nothwendigen der Vernunft erweckt ein Gefühl frohen Beifalls (*Wohlgefallen*), welches auflösend für den Sinn, für den Geist aber belebend und beschäftigend ist, und eine Anziehung des sinnlichen Objekts muß erfolgen. Diese Anziehung nennen wir Wohlwollen – *Liebe*; ein Gefühl, das von Anmuth und Schönheit unzertrennlich ist.

---

ter, die keine Begierden der Sinne erwecken, denn sie scheinen nicht zur Leidenschaft gebildet zu sein, sondern dieselbe nur angenommen zu habend.«– Anderswo heißt es.»Die Seele äußerte sich nur unter einer stillen Fläche des Wassers und trat niemals mit Ungestüm hervor. In Vorstellung des Leidens bleibt die größte Pein verschlossen, und die Freude schwebet wie eine sanfte Luft, die kaum die Blätter rühret, auf dem Gesicht einer Leukothea.«
Alle diese Züge kommen der Würde und nicht der Grazie zu, denn die Grazie verschließt sich nicht, sondern kommt entgegen, die Grazie macht sich sinnlich und ist auch nicht ergaben, sondern schön. Aber die Würde ist es, was die Natur in ihren Äußerungen zurückhält und den Zügen, auch in der Todesangst und in dem bittersten Leiden eines Laokoon, Ruhe gebietet.
Home verfällt in denselben Fehler, was aber bei diesem Schriftsteller weniger zu verwundern ist. Auch er nimmt Züge der Würde in die Grazie mit auf, ob er gleich Anmuth und Würde ausdrücklich von einander unterscheidet. Seine Beobachtungen sind gewöhnlich richtig, und die nächsten Regeln, die er sich daraus bildet, wahr; aber weiter darf man ihm auch nicht folgen. Grundsätze der Kritik; II. Theil. Anmuth und Würde.

Bei dem *Reiz* (nicht dem Liebreiz, sondern dem Wollustreiz, stimulus) wird dem Sinn ein sinnlicher Stoff vorgehalten, der ihm Entledigung von einem Bedürfniß, d. i. Lust verspricht. Der Sinn ist also bestrebt, sich mit dem Sinnlichen zu vereinbaren, und *Begierde* entsteht; ein Gefühl, das anspannend für den Sinn, für den Geist hingegen erschlaffend ist.

Von der Achtung kann man sagen, sie *beugt sich vor* ihrem Gegenstande; von der Liebe, sie *neigt sich zu* dem ihrigen; von der Begierde, sie *stürzt auf* den ihrigen. Bei der Achtung ist das Objekt die Vernunft und das Subjekt die sinnliche Natur. [14] Bei der Liebe ist das Objekt sinnlich, und das Subjekt die moralische Natur. Bei der Begierde sind Objekt und Subjekt sinnlich.

Die Liebe allein ist also eine freie Empfindung, denn ihre reine Quelle strömt hervor aus dem Sitz der Freiheit, aus unsrer göttlichen Natur. Es ist hier nicht das Kleine und Niedrige, was sich mit dem Großen und Hohen mißt, nicht der Sinn, der an dem Vernunftgesetz schwindelnd hinaufsieht, es ist das *absolut Große* selbst, was in der Anmuth und Schönheit sich nachgeahmt und in der Sittlichkeit sich befriedigt findet; es ist der Gesetzgeber selbst, der *Gott* in uns, der mit seinem eigenen Bilde in der Sinnenwelt spielt. Daher ist

---

[14] Man darf die Achtung nicht mit der Hochachtung verwechseln. Achtung (nach ihrem reinen Begriff) geht nur auf das Verhältnis der sinnlichen Natur zu den Forderungen reiner praktischer Vernunft überhaupt, ohne Rücksicht auf eine wirkliche Erfüllung.»Das Gefühl der Unangemessenheit zu Erreichung einer Idee, die für uns Gesetz ist, heißt Achtung.« (Kants Krit. der Urtheilskraft.) Daher ist Achtung keine angenehme, eher drückende Empfindung. Sie ist ein Gefühl des Abstandes des empirischen Willens von dem reinen. – Es kann daher auch nicht befremdlich sein, daß ich die sinnliche Natur zum Subjekt der Achtung mache, obgleich diese nur auf reine Vernunft geht, denn die Unangemessenheit zu Erreichung des Gesetzes kann nur in der Sinnlichkeit liegen. Hochachtung hingegen geht schon auf die wirkliche Erfüllung des Gesetzes und wird nicht für das Gesetz, sondern für die Person, die demselben gemäß handelt, empfunden. Daher hat sie etwas Ergötzendes, weil die Erfüllung des Gesetzes Vernunftwesen erfreuen muß. Achtung ist Zwang, Hochachtung schon ein freieres Gefühl. Aber das rührt von der Liebe her, die ein Ingrediens der Hochachtung ausmacht. Achten muß auch der Nichtwürdige das Gute, aber um Denjenigen hochzuachten, der es gethan hat, müßte er aufhören, ein Nichtswürdiger zu sein.

das Gemüth aufgelöst in der Liebe, da es angespannt ist in der Achtung; denn hier ist nichts, das ihm Schranken setzte, da das absolut Große nichts über sich hat und die Sinnlichkeit, von der hier allein die Einschränkung kommen könnte, in der Anmuth und Schönheit mit den Ideen des Geistes zusammenstimmt. Liebe ist ein Herabsteigen, da die Achtung ein Hinaufklimmen ist. Daher kann der Schlimme nichts lieben, ob er gleich Vieles achten muß; daher kann der Gute wenig achten, was er nicht zugleich mit Liebe umfinge. Der reine Geist kann nur lieben, nicht achten; der Sinn kann nur achten, aber nicht lieben.

Wenn der schuldbewußte Mensch in ewiger Furcht schwebt, dem Gesetzgeber in ihm selbst, in der Sinnenwelt zu begegnen, und in allem, was groß und schön und trefflich ist, seinen Feind erblickt, so kennt die schöne Seele kein süßeres Glück, als das Heilige in sich außer sich nachgeahmt oder verwirklicht zu sehen und in der Sinnenwelt ihren unsterblichen Freund zu umarmen. Liebe ist zugleich das Großmütigste und das Selbstsüchtigste in der Natur: das erste, denn sie empfängt von ihrem Gegenstande nichts, sondern gibt ihm alles, da der reine Geist nur geben, nicht empfangen kann; das zweite, denn es ist immer nur ihr eigenes Selbst, was sie in ihrem Gegenstande sucht und schätzt.

Aber eben darum, weil der Liebende von dem Geliebten nur empfängt, was er ihm selber gab, so begegnet es ihm öfters, daß er ihm gibt, was er nicht von ihm empfing. Der äußre Sinn glaubt zu sehen, was nur der innere anschaut; der feurige Wunsch wird zum Glauben, und der eigene Ueberfluß des Liebenden verbirgt die Armuth des Geliebten. Daher ist die Liebe so leicht der Täuschung ausgesetzt, was der Achtung und Begierde selten begegnet. So lange der innere Sinn den äußern exaltiert, so lange dauert auch die selige Bezauberung der platonischen Liebe, der zur Wonne der Unsterblichen nur die Dauer fehlt. Sobald aber der innere Sinn dem äußern *seine* Anschauungen nicht mehr unterschiebt, so tritt der äußere wieder in seine Rechte und fordert, was ihm zukommt – *Stoff*. Das Feuer, welches die himmlische Venus entzündete, wird von der irdischen benutzt, und der Naturtrieb rächt seine lange Vernachlässigung nicht selten durch eine desto unumschränktere Herrschaft. Da der Sinn nie getäuscht wird, so macht er diesen Vortheil mit grobem Uebermuth gegen seinen edleren Nebenbuhler geltend und ist kühn genug, zu behaupten, daß *er* gehalten habe, was die Begeisterung schuldig blieb.

Die Würde hindert, daß die Liebe nicht zur Begierde wird. Die Anmuth verhütet, daß die Achtung nicht Furcht wird.

Wahre Schönheit, wahre Anmuth soll niemals Begierde erregen. Wo diese sich einmischt, da muß es entweder dem Gegenstand an Würde, oder dem Betrachter an Sittlichkeit der Empfindungen mangeln.

Wahre Größe soll niemals Furcht erregen. Wo diese eintritt, da kann man gewiß sein, daß es entweder dem Gegenstand an Geschmack und an Grazie oder dem Betrachter an einem günstigen Zeugniß seines Gewissens fehlt.

Reiz, Anmuth und Grazie werden zwar gewöhnlich als gleichbedeutend gebraucht; sie sind es aber nicht, oder sollten es doch nicht sein, da der Begriff, den sie ausdrücken, mehrerer Bestimmungen fähig ist, die eine verschiedene Bezeichnung verdienen.

Es gibt eine *belebende* und eine *beruhigende* Grazie. Die erste grenzt an den Sinnenreiz, und das Wohlgefallen an derselben kann, wenn es nicht durch Würde zurückgehalten wird, leicht in Verlangen ausarten. Diese kann *Reiz* genannt werden. Ein abgespannter Mensch kann sich nicht durch innre Kraft in Bewegung setzen, sondern muß Stoff von außen empfangen und durch leichte Uebungen der Phantasie und schnelle Uebergänge vom Empfinden zum Handeln seine verlorene Schnellkraft wieder herzustellen suchen. Dieses erlangt er im Umgang mit einer *reizenden* Person, die das stagnierende Meer seiner Einbildungskraft durch Gespräch und Anblick in Schwung bringt.

Die beruhigende Grazie grenzt näher an die Würde, da sie sich durch Mäßigung unruhiger Bewegungen äußert. Zu ihr wendet sich der angespannte Mensch, und der wilde Sturm des Gemüths löst sich auf an ihrem friedeathmenden Busen. Diese kann *Anmuth* genannt werden. Mit dem Reize verbindet sich gern der lachende Scherz und der Stachel des Spotts; mit der Anmuth das Mitleid und die Liebe. Der entnervte Soliman schmachtet zuletzt in den Ketten einer Roxelane, wenn sich der brausende Geist eines Othello an der sanften Brust einer Desdemona zur Ruhe wiegt.

Auch die Würde hat ihre verschiedenen Abstufungen und wird da, wo sie sich der Anmuth und Schönheit nähert, zum *Edeln*, und wo sie an das Furchtbare grenzt, zur *Hoheit*.

Der höchste Grad der Anmuth ist das *Bezaubernde*; der höchste Grad der Würde die *Majestät*. Bei dem Bezaubernden verlieren wir uns gleichsam selbst und fließen hinüber in den Gegenstand. Der höchste Genuß der Freiheit grenzt an den völligen Verlust derselben, und die Trunkenheit des Geistes an den Taumel der Sinnenlust. Die Majestät hingegen hält uns ein Gesetz vor, das uns nöthigt, in uns selbst zu schauen. Wir schlagen die Augen vor dem gegenwärtigen Gott zu Boden, vergessen alles außer uns und empfinden nichts, als die schwere Bürde unsers eigenen Daseins.

Majestät hat nur das Heilige. Kann ein Mensch uns dieses repräsentieren, so hat er Majestät, und wenn auch unsre Kniee nicht nachfolgen, so wird doch unser Geist vor ihm niederfallen. Aber er richtet sich schnell wieder auf, sobald nur die kleinste Spur *menschlicher Schuld* an dem Gegenstand seiner Anbetung sichtbar wird; denn nichts, was nur *vergleichungsweise* groß ist, darf unsern Muth darniederschlagen.

Die bloße Macht, sei sie auch noch so furchtbar und grenzenlos, kann nie Majestät verleihen. Macht imponiert nur dem Sinnenwesen, die Majestät muß dem Geist seine Freiheit nehmen. Ein Mensch, der mir das Todesurtheil schreiben kann, hat darum noch keine Majestät für mich, sobald ich selbst nur bin, was ich sein soll. Sein Vortheil über mich ist aus, sobald ich will. Wer mir aber in seiner Person den reinen Willen darstellt, vor dem werde ich mich, wenn's möglich ist, auch noch in künftigen Welten beugen.

Anmuth und Würde stehen in einem zu hohen Werth, um die Eitelkeit und Thorheit nicht zur Nachahmung zu reizen. Aber es gibt dazu nur *einen* Weg, nämlich Nachahmung der Gesinnungen, deren Ausdruck sie sind. Alles andre ist *Nachäffung* und wird sich als solche durch Uebertreibung bald kenntlich machen.

So wie auf der Affektation des Erhabenen *Schwulst*, aus der Affektation des Edeln das *Kostbare* entsteht, so wird aus der affektierten Anmuth *Ziererei*, und aus der affektierten Würde steife *Feierlichkeit* und *Gravität*.

Die echte Anmuth *gibt bloß nach* und kommt entgegen; die falsche hingegen *zerfließt*. Die wahre Anmuth *schont* bloß die Werkzeuge der willkürlichen Bewegung und will der Freiheit der Natur nicht unnöthiger Weise zu nahe treten; die falsche Anmuth hat gar nicht das Herz, die Werkzeuge des Willens gehörig zu gebrauchen, und um ja nicht ins Harte und Schwerfällige zu fallen, *opfert* sie lieber etwas von dem Zweck der Bewegung auf, oder sucht ihn *durch Umschweife* zu erreichen. Wenn der *unbehilfliche* Tänzer bei einer Menuett so viel Kraft aufwendet, als ob er ein Mühlrad zu ziehen hätte, und mit Händen und Füßen so scharfe Ecken schneidet, als wenn es hier um eine geometrische Genauigkeit zu thun wäre, so wird der *affektierte* Tänzer so schwach auftreten, als ob er den Fußboden fürchtete, und mit Händen und Füßen nichts als Schlangenlinien beschreiben, wenn er auch darüber nicht von der Stelle kommen sollte. Das andre Geschlecht, welches vorzugsweise im Besitze der wahren Anmuth ist, macht sich auch der falschen am meisten schuldig; aber nirgends beleidigt diese mehr, als wo sie der Begierde zum Angel dienet. Aus dem Lächeln der wahren Grazie wird dann die widrigste Grimasse; das schöne Spiel der Augen, so bezaubernd, wenn wahre Empfindung daraus spricht, wird zur Verdrehung; die schmelzend modulierende Stimme, so unwiderstehlich in einem wahren Munde, wird zu einem studierten tremulierenden Klang, und die ganze Musik weiblicher Reizungen zu einer betrüglichen Toilettenkunst.

Wenn man auf Theatern und Ballsälen Gelegenheit hat, die affektierte Anmuth zu beobachten, so kann man oft in den Kabinetten der Minister und in den Studierzimmern der Gelehrten (auf hohen Schulen besonders) die falsche Würde studieren. Wenn die wahre Würde zufrieden ist, den Affekt an seiner Herrschaft zu hindern, und dem Naturtriebe bloß da, wo er den Meister spielen will, in den unwillkürlichen Bewegungen Schranken setzt, so regiert die falsche Würde auch die willkürlichen mit einem eisernen Zepter, unterdrückt die moralischen Bewegungen, die der wahren Würde heilig sind, so gut als die sinnlichen, und löscht das ganze mimische Spiel der Seele in den Gesichtszügen aus. Sie ist nicht bloß streng gegen die widerstrebende, sondern hart gegen die unterwürfige Natur und sucht ihre lächerliche Größe in Unterjochung und, wo dies nicht angehen will, in Verbergung derselben. Nicht anders, als wenn sie allem, was Natur heißt, einen unversöhnlichen Haß gelobt hätte, steckt sie den Leib in lange faltigte Gewänder, die den ganzen Gliederbau des Menschen verbergen, beschränkt den Gebrauch der Glieder durch einen lästigen Apparat unnützer Zierrath und schneidet sogar die Haare ab, um das Geschenk der Natur durch ein Machwerk der Kunst zu ersetzen. Wenn die wahre Würde, die sich nie der Natur, nur der rohen Natur schämt, auch da, wo sie an sich hält, noch stets frei und offen bleibt; wenn in den Augen Empfindung strahlt und der heitere stille Geist auf der beredten Stirne ruht, so legt die *Gravität* die ihrige in Falten, wird verschlossen und mysteriös und bewacht sorgfältig wie ein Komödiant ihre Züge. Alle ihre Gesichtsmuskeln sind angespannt, aller wahre natürliche Ausdruck verschwindet, und der ganze Mensch ist wie ein versiegelter Brief. Aber die falsche Würde hat nicht immer Unrecht, das mimische Spiel ihrer Züge in scharfer Zucht zu halten, weil es vielleicht mehr aussagen könnte, als man laut machen will; eine Vorsicht, welche die wahre Würde freilich nicht nöthig hat. Diese wird die Natur nur beherrschen, nie verbergen; bei der falschen hingegen herrscht die Natur nur desto gewalttätiger *innen*, indem sie *außen* bezwungen ist.

15

---

15 Indessen gibt es auch eine Feierlichkeit im guten Sinne, wovon die Kunst Gebrauch machen kann. Diese entsteht nicht aus der Anmaßung, sich wichtig zu machen, sondern sie hat die Absicht, das Gemüth auf etwas Wichtiges vorzubereiten. Da, wo ein großer und tiefer Eindruck geschehen soll und es dem Dichter darum zu thun ist, daß nichts davon verloren gehe, so stimmt er das Gemüth vorher zum Empfang desselben, entfernt alle Zerstreuungen und setzt die Einbildungskraft in eine erwartungsvolle Spannung. Dazu ist nun das Feierliche sehr geschickt, welches in Häufung vieler Anstalten besteht, wovon man den Zweck nicht absieht, und in einer absichtlichen Verzögerung des Fortschritts, da wo die Ungeduld Eile fordert. In der Musik wird das Feierliche durch eine langsame gleichförmige Folge starker Töne hervorgebracht; die Stärke erweckt und spannt das Gemüth, die Langsamkeit verzögert die Befriedigung, und die Gleichförmigkeit des Takts läßt die Ungeduld gar kein Ende absehen.
Das Feierliche unterstützt den Eindruck des Großen und Erhabenen nicht wenig und wird daher bei Religionsgebräuchen und Mysterien mit großem Erfolg gebraucht. Die Wirkungen der Glocken, der Choralmusik, der Orgel sind bekannt, aber auch für das Auge gibt es ein Feierliches, nämlich die Pracht, verbunden mit dem Furchtbaren, wie bei Leichenceremonien und bei allen öffentlichen Aufzügen, die eine große Stille und einen langsamen Takt beobachten.

Über tredition

Eigenes Buch veröffentlichen

tredition wurde 2006 in Hamburg gegründet und hat seither mehrere tausend Buchtitel veröffentlicht. Autoren veröffentlichen in wenigen leichten Schritten gedruckte Bücher, e-Books und audio-Books. tredition hat das Ziel, die beste und fairste Veröffentlichungsmöglichkeit für Autoren zu bieten.

tredition wurde mit der Erkenntnis gegründet, dass nur etwa jedes 200. bei Verlagen eingereichte Manuskript veröffentlicht wird. Dabei hat jedes Buch seinen Markt, also seine Leser. tredition sorgt dafür, dass für jedes Buch die Leserschaft auch erreicht wird.

Im einzigartigen Literatur-Netzwerk von tredition bieten zahlreiche Literatur-Partner (das sind Lektoren, Übersetzer, Hörbuchsprecher und Illustratoren) ihre Dienstleistung an, um Manuskripte zu verbessern oder die Vielfalt zu erhöhen. Autoren vereinbaren direkt mit den Literatur-Partnern die Konditionen ihrer Zusammenarbeit und partizipieren gemeinsam am Erfolg des Buches.

Das gesamte Verlagsprogramm von tredition ist bei allen stationären Buchhandlungen und Online-Buchhändlern wie z. B. Amazon erhältlich. e-Books stehen bei den führenden Online-Portalen (z. B. iBookstore von Apple oder Kindle von Amazon) zum Verkauf.

Einfach leicht ein Buch veröffentlichen: **www.tredition.de**

Eigene Buchreihe oder eigenen Verlag gründen

Seit 2009 bietet tredition sein Verlagskonzept auch als sogenanntes "White-Label" an. Das bedeutet, dass andere Unternehmen, Institutionen und Personen risikofrei und unkompliziert selbst zum Herausgeber von Büchern und Buchreihen unter eigener Marke werden können. tredition übernimmt dabei das komplette Herstellungs- und Distributionsrisiko.

Zahlreiche Zeitschriften-, Zeitungs- und Buchverlage, Universitäten, Forschungseinrichtungen, u.v.m. nutzen diese Dienstleistung von tredition, um unter eigener Marke ohne Risiko Bücher zu verlegen.

Alle Informationen im Internet: **www.tredition.de/Buchverlage**

tredition wurde mit mehreren Innovationspreisen ausgezeichnet, u. a. mit dem Webfuture Award und dem Innovationspreis der Buch-Digitale.

tredition ist Mitglied im Börsenverein des Deutschen Buchhandels.

Das komplette Archiv auf DVD

Die Gutenberg-DE Edition DVD enthält das komplette Archiv Gutenberg-DE als Offline-Version auf DVD. Die DVD ist im Internet erhältlich auf **http://gutenbergshop.abc.de**

Zeitfracht Medien GmbH
Ferdinand-Jühlke-Straße 7
99095 Erfurt, Deutschland
produktsicherheit@kolibri360.de